# 남도경제
# 블루오션

# 남도경제 블루오션

초판 1쇄 인쇄 2013년 12월 03일
초판 1쇄 발행 2013년 12월 10일

지은이      이 의 준
펴낸이      손 형 국
펴낸곳      (주)북랩
출판등록    2004. 12. 1(제2012-000051호)
주소        서울시 금천구 가산디지털 1로 168,
            우림라이온스밸리 B동 B113, 114호
홈페이지    www.book.co.kr
전화번호    (02)2026-5777
팩스        (02)2026-5747

ISBN      979-11-5585-091-6  13350(종이책)
          979-11-5585-092-3  15350(전자책)

이 도서의 국립중앙도서관 출판시도서목록(CIP)은 서지정보유통지원시스템 홈페이지(http://seoji.nl.go.kr)와
국가자료공동목록시스템(http://www.nl.go.kr/kolisnet)에서 이용하실 수 있습니다.
( CIP제어번호 : 2013026158 )

Blue Ocean

지역 리더, 기업인, 학교와 젊은이에게 전하는 남도 견문록

# 남도경제
# 블루오션

이의준 지음

이제까지의 남도는 잊어라!
대한민국 창조경제 1번지 남도가 다가온다.
4만km의 여정에서 만난 남도의 애환과 꿈.

book Lab

 추천사

### ● 광주상공회의소 회장 박홍석

  저자는 아무 연고도 없는 남도 땅에 부임한 후 곳곳을 살펴보면서 남도가 우리나라가 선진국으로 발돋움하기 위한 하나의 보물이라는 확신을 갖게 되었다. 이 책은 저자의 현장경험을 통해 우리 남도가 창조경제의 블루오션을 찾기 위해 어떤 경제정책을 수립해야 하는지 그 방안을 제시하고 있다. 이 책을 통해 과거의 불행한 유산을 과감히 떨쳐버리고 창조로써 남도의 꿈을 그려 남도 경제의 미래 청사진을 접할 수 있는 소중한 기회가 되었으면 좋겠다.

### ● 국제로타리 3710지구 총재 김보곤

  『남도경제 블루오션』에서는 호남의 경제, 사회, 문화 등의 지역정서를 해박하고 진솔한 문법으로 풀어냈으며 남도 사랑이 정감 있게 묻어 있다. 또한 문제의 해결과 접근 방법도 기본과 원칙의 중요성을 일깨워줌은 물론 다양한 관찰력을 통해 보여주고 있다. 이 한 권의 책이 호남인의 자긍심을 일깨워주는 초석이 되기에 충분하다. 또 다시 읽고 싶다.

## ● 광주경영자총협회 회장 유희열

부임하자마자 저자는 타고난 부지런함과 섬세함으로 수많은 남도의 기업과 사람을 만나면서 남도의 희망을 확신하는 것 같다. 그가 보고 느낀 것처럼 남도는 우리의 미래를 위해 남겨진 땅으로, 남도인의 뛰어난 창조성과 인문학적 사고가 어우러진다면 우리나라의 새로운 성장 모델을 제시하게 될 것이다. 저자가 제시한 희망을 남도인들이 이루려면 더 많은 노력과 분발이 필요하다. 이 책으로 남도인의 공감이 이루어지길 바란다.


## ● 중소기업융합광주전남연합회 회장 백희종

그간 내가 만난 저자는 경제 전반은 물론 기술에 대해서도 해박한 지식을 지닌 분이다. 광주에 부임한 지 불과 1년여 만에 남도지역의 경제현안을 파악하면서 남도를 품에 안았다. 저자는 어느 모임이든 장소이든 항상 지역발전을 위해서 남도인이 가야 할 방향을 제시해주곤 했다. 또한 틈나는 대로 이 지역의 장점과 멋을 두루 섭렵한 '남도인보다 더 남도다운 분'이다. 그의 글 속에서 진정한 남도를 발견해보자.

 프롤로그

# 남도, 한국경제의 블루오션으로

남도를 눈여겨보자. 우리나라가 지속적으로 발전하기 위해서는 새로운 경제성장의 히든카드인 남도의 역할이 중요하기 때문이다. 더 이상 과거의 시각이나 잣대로 산업이나 지역을 바라보아서는 안 된다. 이제는 창조경제의 시대이다. 고령화, 저출산, 저성장 사회에서는 기존의 산업 패러다임으로 고용과 부가가치를 만들어내는 데 한계가 있다. 창조경제는 생산성과 품질을 높이고 아울러 새로운 아이디어나 제품, 신 산업분야에서 찾아야 한다.

첨단·신산업과 6차 산업이 부상하고 있고, 복잡한 유통은 인터넷을 통해 생산지에서 소비자로 연결되며, 서울을 통하던 물류는 지역에서 바로 글로벌 시장으로 향한다. 이와 같은 산업 패턴의 변화는 점차 남도에 유리한 환경을 만들고 있다. 광주는 우수한 두뇌와 대학·연구소 자원을 배경으로 자동차와 가전 외에 광산업, 금형·소재·부품, 문화 콘텐츠와 같은 중소·중견 기업에 유리한 첨단업종을 지니고 있다. 과거 소비도시에서 수출 증가율 1위 도시로 바뀌었다.

전남은 철강·화학·조선의 기반산업이 있고 친환경 1번지로서 쾌적한 주거환경, 풍부한 농림수산 자원, 청정해역과 관광문화 자원으로 웰빙 시대의 도래를 준비하고 있다. 중국의 해외 여행객은 물론 중국 내 한국 농수산 식품의 수요도 급증하고 있다. 이는 6차 산업의 부흥을 예고하고 있으며, 그 최적지는 바로 남도이다.

지방화도 한몫하고 있다. 공공기관의 혁신도시로의 이전은 지역의 경쟁력을 한 차원 끌어올리게 될 것이다. 교통망의 확장과 고속화도 진전되고 있으며 수도권 인구는 지방으로 유입되고 있다. 과거 서울에서나 가능하던 여러 가지 국제행사는 지역에서도 잘 치러진다. 인구 29만의 여수가 세계 최초 해양 엑스포를, 순천은 무려 440만 명이 찾은 국제 정원박람회를 개최했다. 광주는 국제 비엔날레나 국제 김치박람회와 같은 독창적인 행사로 지역문화를 세계화하는 등 창조모델을 선보이고 있다.

사람들이 남도로 향하고 있다. 다가오는 6차 산업을 선점할 개척자, 문화·관광·역사의 콘텐츠 사업을 꿈꾸는 기업가, 고부가가치의 글로벌 벤처 CEO는 물론 100세 시대를 맞아 전원의 여유, 유기농 식품, 자연에서 얻는 치유의 '1석 3조 행복'을 원하는 사람들이 남도로 가고 있다.

남도에 와서 2년 가까운 세월이 흘렀다. 대학 시절 제주로 가기 위해 목포항을 거쳤고, 몇 번의 반나절 광주 출장과 이틀간의 남도여행이 전부였다. 남도에 무관심하고 무지했었다는 생각을 하던 차에 남도로 부임하게 된 것이다. 발령이 나자 재미있는 일이 벌어졌다. 지인들은 "고향이 전라도였어요?"라고 물었다. 남도가 고향인 어느 분은 "축하해야 하나 어쩌나?"라며 나를 의아스럽게 만들었다. 남도가 그간 소외되고 낙후된 지역이라는 인식 때문에 그런 것이다. 남도에는 과거가 남긴 아픔과 한(限)도 있지 않은가.

그러나 이제 남도는 불행한 기억을 털고 그간 쌓여진 내공으로 새로운 꿈을 그려야 할 때다. 어디에나 흥망성쇠는 있기 마련이다. 한창 잘나가던 국가나 지역이 쇠퇴하는가 하면 소외받던 국가나 지역이 부상하기도 한다. 우리는 최빈국에서 세계 7번째 2050클럽 국가가 되지 않았는가. 공산국가에서 G2의 경제대국이 된 중국, 자원 하나 없이 세계 경쟁력 1위가 된 싱가포르, 국제 관광지로 부상한 제주도나 쇠퇴 이후 첨단·문화 도시로 재생한 영국 쉐필드 등 많은 국가와 도시의 성공사례가 있다. 이러한 사례는 앞으로 남도에도 희망찬 미래가 펼쳐질 것이라는 기대를 갖게 해준다.

남도에서 다양한 사람들을 만났다. 그들은 남도가 나가야 할 방향과 해야 할 과제를 잘 알고 미래를 향해 앞장서고 있었다. 낙후된 경제를 고민하며 지역민의 단합, 미래에 대한 자신감을 가져야 한다고 입을 모았다.

나는 두 가지 질문을 하고 싶다. 과연 남도는 도약의 기회를 잡아 줄 것인가? 자신의 강점을 최대한 활용해나갈 수 있을 것인가? 이 책은 이러한 질문에 대한 답을 찾고자 쓴 것이다. 그 해답은 결국 남도에서 만난 사람들에게서 얻었다. 더 많은 사람들이 경제 호민으로 거듭나도록 지혜를 모으는 것이다.

2013년 12월
금당산 관사에서
이의준

# 감사의 글

 이 책이 나오기까지 그간 만나고 대화하고 직·간접적으로  인연을 맺은 분들에게 감사드린다. 그 표시로 내게 간직되어 있는 모든 분들 한 사람 한 사람의 이름을 모아보았다.

 그간 만난 따뜻하고 정이 넘치는 남도 분들, 서비스 혁신의 동고동락을 함께한 광주·전남청과 제주 센터의 우리 청 가족들, 출판에 도움을 준 여러분께 깊이 감사드린다.

강경인 곽준섭 김대성 김성도 김웅주 김주례 김홍균 문명재 박상규 박천재 서영철 신수연 양현호 유기만 이계영 이상헌 이재창 임상준 전판용 정종원 조용식 최대섭 탁인석
강계두 곽현미 김대원 김성두 김웅찬 김주열 김홍근 문명국 박성률 박철용 서영애 신승복 양형일 유동구 이계원 이상훈 이재현 임선희 전 현 정종한 조용진 최대용 탕안현
김광수 곽현준 김대진 김성홍 김원규 김주원 김홍기 문명대 박성범 박철우 서용득 이계승 양혜숙 유충근 이계유 이석규 이정구 전응범 정종해 조덕림 표진구
김기운 구교창 김대혁 김성ін 김성환 김원식 문병민 박상수 박철우 서용득 신우철 양홍민 유민수 이계형 이석배 이정남 임성예 전홍주 정준모 조우영 최도림 하삼종
강대권 구동우 김대환 김원범 김준성 김홍중 문병민 박상와 박철웅 서육남 신언영 양화숙 유III철 이 관 이석영 이정석 임성훈 정id준 정준석 조우주 최도호 하선덕
김덕균 구만섭 김덕모 김성봉 김원종 김준호 김홍희 문병학 박상체 박철환 서윤정 신을호 양화영 유근근 이관호 이석인 이정연 임승은 정경수 정지희 조은혜 최동і 하성화
강동일 구병모 김덕섭 김성조 김원중 김홍남 문상식 박성래 박철현 서인주 신을욱 양후열 유신열 이광용 이석호 이정옥 임관선 정지삼 조가연 최har희 하순정
김동훈 구분섭 김도덕 김성우 김원호 김중배 김화영 문상영 박석주 박청웅 서재환 신재준 양희철 유연신 이광재 이선견 이정심 임영배 정관체 정진서 조장규 최영기 하용호
김영구 구상철 김도출 김성수 김유숙 김지민 김화중 문석훈 박석호 박추석 서재홍 신정강 엄정용 유야대 이광진 이선규 이정일 임영무 정광준 정진수 조창범 최명웅 하정수
김문관 구자환 김동근 김성재 김윤세 김윤기 문승숙 박성임 서정남 신정욱 엄해정 유영면 이광호 이선재 임영기 정구슬 정찬구 조재민 최무진 하종배
김동식 구중은 김동현 김성은 김윤ök 김지주 김환진 문승태 박성수 박태식 서지연 신정환 여금수 유영식 이광희 이선채 이정학 임승은 정기남 정찬용 조재민 최과남 한경석
김인수 구환임 김동홍 김성의 김윤수 김지재 김회서 문안식 박성у 박표진 서석성 신채윤 여성구 유영식 이국여 이선휴 이정현 임용백 정기호 정찬권 조재신 최백연 한경희
강병영 국순육 김동재 김성재 김 진 김성옥 문영신 박성와 박학순 서환욱 신철호 여인홍 유영배 이국재 이선회 이정재 임재сни 정다운 정태롱 조재우 최범용 한납섭
강보식 국순赴 김룡범 김성진 김윤숙 김진근 김호수 문영택 박성체 박근근 서석호 신흥교 여학영 유영호 이규색 이성기 이정훈 임정배 정도영 정태식 조정란 최병기 한덕수
강성훈 국 찬 김만근 김성태 김성주 김진기 김호신 문유현 박성춘 박해철 석범홍 신현경 연구해 유우у 이규훈 이성기 이정훈 김승환 정동월 정태윤 조정형 최병채 한동백
김석종 국춘화 김만형 김성태 김운호 김진만 김호연 문인섭 박수진 박현태 서옥경 염규창 유상상 이 근 이성외 임종체 정록특 정태도 정현채 조현채 최동남 한동주
강산아 권재인 김문호 김성의 김윤희 김진희 김호재 문지현 문 현 선주성 신호균 염정호 유학 유한박 이근복 이성외 임진지 정안기 정필성 조준섭 최병톡 한봉환
김선임 권구락 김명종 김성환 김성순 김진범 김홍준 문지회 박성와 박현민 선치한 김갑섭 염해숙 유국록 이세준 이종석 임찬수 정안체 정현관 조준체 최복관 한상렬
강성근 권근배 김명준 김세영 김인덕 김진산 김성희 문창모 박순영 박현영 선현체 심기섭 염홍섭 유정현 이금준 이수기 이종섭 임창규 정영상 정현수 조지현 최복규 한상민
김성균 권대영 김문배 김수구 김일선 김진오 김희는 문태영 박현욱 선홍규 오관해 유제철 이기상 이수헌 이종성 임재욱 정영식 정현옥 조지산 최범섭 한상범
강성태 권도겸 김명화 김수경 김인영 김진식 김희철 문현섭 박순용 박현재 설성현 심상돈 오근수 유죽진 이기신 이수부 이종운 임채평 정영호 정현숙 조정형 최범식 한상열
강소섭 권동호 김명의 김수경 김인철 김진영 김희표 문현철 박순주 박학규 설윤숙 심언구 오기만 유충석 이기자 이수종 이종헌 임청빈 정무영 정현수 조지현 최상준 한상원
강수언 권성영 김문배 김수구 김일선 김진오 나긴수 문현욱 박성와 설이철 설성섭 오기수 유제철 이기종 이수현 임무창 정무창 정현우 조창현 최 석 한선희
강승이 권수혁 김문수 김수일 김일태 김진일 나기수 미성지 박순옥 박현욱 설재후 심재철 오기종 유학문 이기표 이순우 이종철 임한선 정문섭 정현주 조창최 최석철 한성덕
강신겸 권순구 김문태 김수종 김일평 김진철 나명균 미재호 박시훈 박형훈 설창균 심현석 오대종 유흥구 이기형 이순희 이종철 임행섭 정문영 정현지 조철호 최신희 한성민
강신율 권명진 김산근 김수철 김장길 김진허 나명엽 민경국 박혜지 성광돈 심상돈 오동수 오동오 유흥열 이낙연 이슬비 이종훈 임형겸 정춘석 정춘식 조철수 최성민 한 은미
강영길 권신오 김문희 김숙희 김장순 김숙영 나보균 민경양 박양규 박호경 성체혜 안국체 오동탁 유희열 이남호 이승규 이종훈 임형진 정민근 정현택 조춘체 최성규 한승주
김영두 권혜영 김미경 김순식 김장학 김창환 나상문 민동성 박연와 박호성 성승호 안구주 오명수 유희옥 이남훈 이승범 이종화 임승호 정민호 정현호 조형근 최성기 한승준
강영선 권 엽 김미동 김순육 김장호 김화옥 나상현 안기복 성인현 박혜배 성인현 이기복 오명하 윤경실 이달석 이승상 이주헌 임호섭 정범채 정현순 조효의 최성민 한 은이
강영식 권영목 김미라 김순종 김장길 김창식 나수균 민병휴 박홍수 성차현 안동구 오 무 윤경아 이대수 이승아 이준범 임체녹 정범수 정화정 조운구 최성수 한은미
강영춘 권영택 김미진 김승남 김재곤 김창용 나숙자 민영우 박영수 박홍표 성해롱 안병엽 오군균 윤경허 이덕호 이승엽 이준범 정관리 정범호 정 환 주대철 최성호 한종선
강영태 권오봉 김미화 김승연 김재관 김창호 나승수 민와기 박영식 박화석 소한섭 안병욱 오미영 윤경한 이동근 이승엽 이중곤 장국찬 정범홍 정화숙 주병정 최성휴 한지수

강영호 권종남 김민규 김승철 김재근 김 철 나승채 민한기 박영제 박홍주 손경춘 안병호 오방개 윤경희 이동기 이승영 이중용 장근일 정보균 정혁석 주승웅 최수진 한지영
강왕기 권태진 김민룡 김 식 김재무 김철문 나 용 민형배 박영호 박희영 손경추 안병제 오방교 윤광국 이동렬 이승창 이종촌 장덕복 정심조 정화전 주양진 최수태 한진수
강운섭 권한섭 김민빠 김신홍 김재무 김철용 나종덕 박강희 박영환 반결웅 손경희 안병일 오방기 윤구현 이동승 이승철 이자수 장동민 정상동 정화노 주영관 최순애 한대영
강유림 금기현 김민우 김신희 김재복 김춘모 나종천 박경남 박영희 방연석 손권석 안성권 오병욱 윤귀린 이동엽 이승희 이지연 장동석 정상범 정휘영 주영순 최순희 한택상
강의석 기가木 김민환 김재석 김재석 김춘섭 나종희 박경preserved 박욱란 배상현 손기형 안성수 오병omo 윤금숙 이소희 이승회 이지학 장민혁 정숭군 정최근 주영진 최승희 한희경
강준구 기순도 김병희 김양수 김재선 김춘식 나진영 박욱배 배상현 손명수 안세욱 오병준 윤대우 이동오 이신원 이진구 장병완 정석원 정회자 주영호 최양관 함성호
강창봉 기현호 김범남 김양현 김재열 김차중 나항도 박경석 박욱식 배서조 손민석 안수진 오상록 윤도현 이 연 이창구 정복수 정신호 정회현 주윤로 최양남 함인선
강철용 김갑성 김범석 김여송 김永기 김태기 나현섭 박경숙 박완규 배선장 손성운 안영길 오상록 윤동환 이연호 이창국 장상근 정성창 제갑묘실 주철현 최영근 허기택
강철준 김갑중 김범호 김영교 김재백 김종균 박경숙 배시영 손성운 안영섭 오상욱 윤만순 이동남 이영남 이창우 장석주 정세관 조금훈 지숙묘 최승미 한회섭
강철원 김건식 김범수 김연석 김재욱 김재수 남기동 박경엄 박용길 배양자 손산상 안완허 오상오 윤만호 이동진 이창길 장석용 정세화 조경완 주호정 최영례 하남용
강태봉 김규도 김병석 김연수 김재욱 김태앙 남문헌 박경우 배종범 손산식 안용훈 오세숙 윤명성 이동헌 이영래 이창재 정성탁 정수범 조경헌 지석설 최영민 허 대
강태영 김경만 김병욱 김영란 김재원 김재완 남상철 박경우 박우랑 배종욱 손여정 안유성 오선동 윤명희 이동현 이영렬 이창재 정성훈 정수봉 조경호 지복남 최영상 허범도
강태원 김경식 김병호 김영관 김재진 김재선 남상훈 박경백 박경호 배시연 손영원 안용훈 이동훈 이현규 이춘래 장석원 정순도 조례히 지영애 최영석 하남석
강행욱 김경호 김보군 김영균 김재헌 김태의 남영주 박경화 박원홍 배지수 손채욱 안재정 오상동 윤병길 이두현 이영범 이춘희 정승욱 정순도 조제헌 지영애 최영종 허 정
강형석 김계용 김봄길 김영석 김재혁 김태현 노경범 박광서 박우진 배현기 손춘가 안재선 오상수 윤병남 이두환 이영석 이춘수 장영규 정순주 조교영 지창선 최옥규 허준영
강효래 김관행 김봉인 김영선 김재홍 김태형 노교구 배효권 손츤석 안재욱 오세홍 윤병재 이명기 이영길 이충훈 장영호 정숭호 조국현 진광식 최원이 허진숙
건강원 김규석 김봉선 김전호 김태호 노라교 박구석 박인순 백나근 손춘조 안정국 오상현 윤병근 이명수 이영재 이탁우 장용옥 정 승 조관현 진병호 최용범 하학진
고광석 김규형 김부덕 김영송 김종근 김택근 노순길 박규동 박인주 백대화 손충호 오양원 윤상국 이명숙 이영렬 이필성 장우석 정승국 조규종 진봉진 최용훈 현명태
고권휘 김규상 김삼명 김영수 김정근 김판호 노석혁 박군조 박인철 백민주 손상환 안종배 오양현 윤상복 이명호 이영허 이향수 장용선 정승호 조금배 진시영 최원석 현상철
고낙용 김규섭 김삼영 김영수 김정근 김정화 노언필 박구현 백수현 송의식 안종식 오양석 윤명수 이명호 이현 이충수 장영호 정길환 조길훈 진영숙 최용원 헐볼박자
고미아 김광서 김삼영 김정기 김필수 노영열 박금수 박재범 백양현 송경선 안체영 오익록 윤석암 이문범 이왕준 이해궁 장순수 정승체 조남름 진은주 최유진 형기우
고석규 김광선 김삼국 김영주 김정매 김필석 노용훈 박기과 박재성 백영선 송정욱 안천수 오익호 윤성영 이미숙 이용광 이해옹 정승철 조대환 진종언 최은모 홍건영
고석범 김광섭 김삼균 김영주 김정묵 김허정 노정구 박기가 박영식 송경일 안천순 오진호 이미영 이용권 이해환 정신환 조대남 최인영 흥기남
고성석 김광선 김삼민 김영재 김정민 김요성 노중현 박기주 박재욱 백 용 송정준 안재호 오종규 윤소영 이이수 이행근 장정수 정안성 조동대 자동옥 최재선 흥기섭
고성천 김광영 김삼덕 김영주 김정상 김하숙 노진영 박기철 박재희 백운기 송과배 안태홍 오 주 윤산수 이민영 이용환 이영남 장재홍 정양대 조동련 자동이 최재성 홍점호
고성혁 김광희 김삼돈 김영진 김정석 김학영 노창규 박남언 박장서 박장석 윤광운 안평환 오주섭 윤순선 이민재 이욱현 이행철 장지수 정양배 조동민 차민석 최재호 홍종식
고영하 김광원 김삼철 김영철 김정애 김학홍 노혜성 박소철 박상석 윤진 안영배 오수철 윤산양 이민옥 이용복 이항주 장진우 정양수 조민호 차상일 최정동 홍진태
고영하 김국섭 김삼옥 김영태 김정수 김해겸 노해숙 박남석 박정현 백중훈 송기훈 안 훈 오준석 윤승주 이병록 이운호 이현준 장초상 정명래 차용수 최정원 황광노
고영헌 김국웅 김삼엽 김정환 김정술 김해숙 노항미 박배액 박정환 백건연 송기희 양경수 오지연 윤애선 이병욱 이원근 이현주 정학주 정연희 조문기 차종흡 최정천 황구용
고유석 김권필 김삼준 김정영 김정열 김희용 노노준 박춘광 백태남 송대수 양광표 오찬교 오양호 이병우 이원복 이현철 정호진 정영휴 조 민 채경자 최종만 황기연
고입세 김규남 김삼영 김정덕 김정환 노훈덕 노종국 백정옥 백행배 송경현 양기수 오태환 이병수 이원복 이현철 장동진 정영수 정민기 채동석 최종동 홍찰석
고자명 김규룡 김삼태 김예숙 김정철 김현재 노희찰 박대수 박정조 백미연 양동순 오원학 윤병준 이원형 이호경 장회연 정영식 조병준 체명희 최종훈 황대영
고재욱 김규엽 김삼호 김옥경 김정환 김현종 라두현 박대환 박종록 범명순 송상기 양동영 오현준 윤병택 이병택 이호상 전충수 정영준 조병석 채주철 황태형
고재우 김규오 김삼호 김옥선 김정호 김류경 박덕순 번기영 송오승 오형규 송훈 윤병춘 이오상 이호준 전선연 정병호 조병석 최준호 황인구
고재룡 김삼희 김왕복 김정호 김현섭 류길상 박동남 박종인 변경석 송명연 양보승 오흘섭 윤 의 이보현 이윤재 이호준 전도호 정영회 조병휘 체인쉔 황벵룡
고영주 김근욱 김삼종 김관관 김정환 김현성 류병호 박동욱 박종욱 변은정 송명무 양수승 오후서 윤의모 이봉기 이순선 이호준 전명호 정옥경 조삼규 채일석 최진만 황부현
고 준 김근택 김석기 김용남 김정환 김현정 류병호 박동북 박충용 서강석 송영수 양승남 윤은정 윤인후 이봉삼 이은숙 이환범 전미지 정유신 조성욱 체하기 최진호 황성돈
고참통 김근오 김선일 김용현 김종규 김현진 류성철 박동석 박충원 서강석 송영종 양승조 왕상식 윤태호 이현준 전범호 정유회 전선민 조동훈 채동석 최정봉 황삼수
고청영 김기남 김선영 김용민 김종구 김현종 류수탁 박란영 박종욱 서경주 송묘순 양승채 용영준 윤재희 이부영 이의현 이윤원 전석봉 정삼수 조성회 천대남 최청호 황영상
고희원 김기봉 김선랑 김종규 김현종 류승진 박대화 박종화 서경환 송무종 양승철 용주현 윤정민 이삼수 이인고 이혁연 전삼형 정인철 조순채 천문국수 최태원 황은식
고혁종 김기섭 김선남 김종길 김현진 류영건 박래호 박충환 서경훈 송유진 양승학 우구근 윤정원 이상걸 이인우 이홍주 전세종 정인환 조성식 천삼권 최학수 황우여
고훈국 김기가 김선일 김종길 김현진 류은미 박병군 서국석 송석종 양우창 우재창 윤정호 이삼석 이인태 이희춘 전삼규 정앙순 조동덕 천삼권 조부진 황영덕
공국진 김기엽 김선오 김용옥 김종복 김현삼 류재모 박삼욱 박주현 서국환 송태호 양영모 우진불 운주식 이삼구 이인호 인춘호 정삼현 전삼덕 조애숙 천순세 최현용 황인자
공기수 김기영 김선옥 김용우 김종석 김현수 류재희 박삼택 박준모 서기동 송환기 양영모 임삼승 윤착석 이삼석 이일규 임경종 전앙순 정재선 조역선 천삼애 최현지 황인찬
공삼수 김기학 김선일 김용우 김종석 김현우 류주식 박란미 박준식 서두석 송희진 양영보 원삼준 윤천호 이삼백 이일현 임경태 전여복 정재선 조경근 천행성 최옥석 황인표도
공평표 김기찬 김선이 김종석 김현진 류봉진 박관철 박준철 서경영 송삼종 양승조 왕삼식 윤태호 이삼범 이일주 전삼수 정재회 조병천 삼영석 천삼선 최동수 황주석
공영식 김길수 김선택 김종오 김현우 마기열 마영배 박지애 서미애 신경수 양우창 원정회 윤필호 이삼소 이삼섭 임근형 전순석 정재종 조영삼 최삼은 최옥삼 황주석
공정화 김길호 김선철 김종완 김현종 마연식 마미희 박진주 서복남 신규태 양일규 원충열 윤한수 이삼열 이재강 임길삼성 전유태 정정길 조영석 최강주 최옥삼 황주호
공해태 김길호 김삼채 김종원 김현종 마연철 마진주 박진호 서석태 신기채 양길복 윤혜경 이삼후 이재수 임내천 정인영 정성재 조영태 최강만 최회택
공현우 김남호 김선태 김삼용 김현웅 명경식 박병원 박찬규 서서자 신동일 양정선 위봉수 이갈형 이삼준 이재봉 임동율 전의천 정종수 조영수 최계희 추복주 이현수
곽건영 김남호 김선호 김삼용 김현웅 문근주 박병욱 박찬수 서삼도 신동언 양준철 위삼이 이강수 이삼석 이재석 임동석 전의천 정종록 조영삼 최고운 추삼길 윤삼숙
곽경희 김남호 김선호 김삼연 김종남 문근회 박북채 박찬영 서삼헌 신명식 양지현 위영회 이강호 이삼진 이재삼 임동진 전인기 정종면 정재재 조명광 추숙희 이지원
곽영신 김남표 김선호 김종규 김종신 문기호 박삼택 박찬호 서승호 신삼수 양진호 유인순 이강화 이삼조 이재용 임내천 전종천 정종수 조명기 최광문 추안구 이지우
곽승구 김대진 김삼규 김운가 김 주 김종갑 문대석 박부규 박창수 서영식 신삼식 양철훈 위화선 이경과 이삼찬 이재천 임병근 정종삼 정영회 최광표 추천호 이현로
곽정원 김대성 김삼기 김운석 김주년 김종균 문명선 박삼삼 박창훈 서영진 신삼운 양태열 유구현 이계연 이삼택 이재진 임병순 전준삼 정종삼 조용삼 최기정 탁영태

**차례**

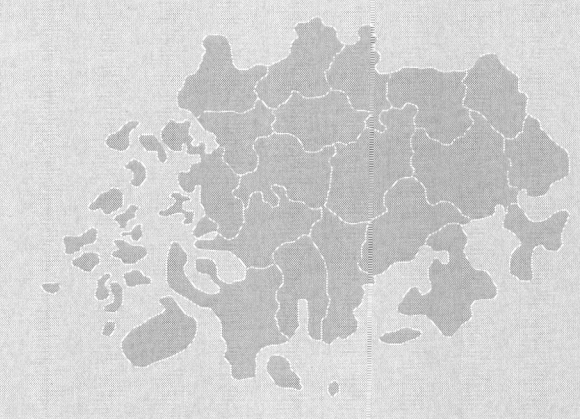

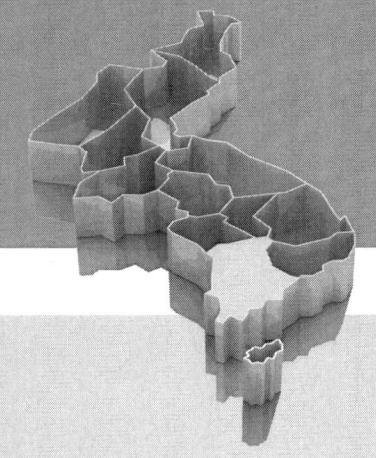

# I

## 남도를 만나다

# 01 제2의 고향으로

"고향이 어디시여?"

처음 남도에 내려와 받은 질문이었다. 서울서 자란 나로서는 고향이란 단어가 뜨뜻미지근하고 익숙지 않다. 고향에 대한 빈곤함 때문인지 모른다. 그런데 이곳 남도에 와서 가장 먼저 고향이란 단어를 접했고 은연중 고향의 의미를 되새기게 되었다. 남도사람들의 고향 사랑은 대단하다. "형님, 내 고향 장흥인데 잘 좀 봐주시여." "내가 화순사람인데 거기 중소기업 좀 많이 지원하쇼잉." "친구, 여수는 참말로 좋은 뎅께 꼭 가보더라고." 하면서 만나는 사람마다 자신의 고향 사랑을 표하는 모습에 존경심마저 든다. 고향이 뭐기에.

어릴 적 내가 가장 부러웠던 게 바로 지방에 고향을 둔 친구들이었다. 이들은 낯모르는 이도 동향사람이란 걸 알면 바로 친숙해지고 서로의 눈빛이 반짝인다. 그러니 오랫동안 옆집에 살아도 이웃일망정 고향사람이란 말은 하지 않는 도시민의 고향과는 사뭇 다르다. 삭막하게 아파트만 들어선 아스팔트의 도심에서는 아무래도 고향의 맛이 나지 않는다.

같은 곳에서 같은 언어를 써가며 오랜 세월 살아야 정(情)도 붙는 법이다. 남도사람들이 정겹게 살아가는 비결은 분명 고향에 있다. 고향 동네

사람을 만나면 서로의 벽을 허물고 화제가 만발한다. 그도 그럴 것이 고향은 자기가 태어나서 자란 곳이며 마음속 깊이 정이 있는 곳이기 때문이다.

고향은 문학작품이나 영화에 자주 등장하는 주제이다. 청소년 시기에는 고향에 대한 시나 노래를 한두 마디 외워야 멋져 보였다. 고향은 아름다운 산수가 여전하고 동네어귀에 들어서면 꼬리 흔들며 엉겨 붙는 누런 개라도 있어야 한다. 푸른 바다가 있고 강이 있으면 더욱 좋다. 초저녁 밥짓는 연기가 모락모락 나고, 아들 발소리에 당장 소리 지르며 달려와 부둥켜 반기는 어머니가 계시는 그런 고향이면 금상첨화다.

정지용은 '향수'에서 실개천과 바람소리, 얼룩배기 황스울음, 늙은 아버지의 발걸음, 그리고 누이와 아내의 모습을 그렸다. 고향에 가면 뭔가 보이고 움직이고 들려야 한다. 그래야 고요한 정적이 더욱 정겹고 평화롭다.

어떤 사람은 고향에 대한 안타까움이 있어야 더욱 정이 간다고 했다. 타향살이에서 천대받고 외로워 돌아가고 싶은 곳이 바로 고향이다. 고향에서 태어나 내내 살고 있는 사람에게 고향의 맛깔스러움이 있겠는가? 적어도 북녘 땅을 고향으로 둔 실향민이나 수만리 이국땅의 동포들이 그리는 고향에 대한 애틋함에 비할 수는 없을 것이다.

하지만 현대사회의 고향은 예전만큼 달콤하지 못하다. 일과 공부를 따라 이리저리 떠다니는 시대이기 때문이다. 고향이 생각나서 찾아가도 사람도 산천도 온전치 못한 경우가 허다하다. 그나마 교통이 편리해졌어도 시간이 허락하지 않는다. 누구나 늘 고향이 고프다. 그래서 이은상의 '가고파'에는 가고파, 보고파, 돌아가, 찾아가, 그리워 등의 표현이 반복된다. 고향만이 자아내는 감성적 단어들이다.

남도는 고향을 느낄 수 있는 최적지이다. 지금과 같은 유목민(Nomad) 시대의 사람들에게는 '제2의 고향, 제3의 고향'이 필요하다. 고향에 대한 수요(需要)가 늘어난다는 의미다. 앞으로 고향 산업이 뜬다면 단연 남도가 선도적인 지역이 될 것이다. 각 지방자치 단체의 은퇴자나 귀향, 귀농자를 위한 집단 부락의 조성이 바로 고향의 모습을 찾는 사람을 위한 것이다. 하지만 고향은 때때로 배타적으로 변하거나 향수에 젖어 찾는 사람들에게 텃세를 하기도 한다. 영화나 노래가사에서도 고향을 둘러싼 토박이와 귀향민 사이의 충돌을 그리거나 피폐한 농촌을 안타까워하기도 한다. 아무리 고향이라 해도 젊은이의 생활터전이 되지 못하거나 꿈을 펼칠 수 없으면 이들의 정(情)도 떠나는 법이다.

이제 남도는 누구에게나 개방된 제2의 고향이 되어야 한다. 현대인의 '고향 본능'을 달래고, 이곳에 들어와 땀 흘려 일하며 자리 잡고자 하는 사람들을 손 벌려 환영하는 어머니와 같은 땅이 되기를 바라본다. 고향의 이름으로.

# 02  비 내리는 호남선

바쁘게 일만 하다 보면 나만의 한가한 시간을 갖고 싶을 때가 있다. 서울과 광주를 오가는 3시간 동안 호남 고속도로의 고속버스 안에서 나름대로 '시간 즐기는 법'을 터득했다. 독서, 음악 감상, 글쓰기는 물론 업무와 개인적인 분야의 이런 저런 생각을 하곤 한다. 그래서 그런지 이런 생활을 한 2년간 나 자신이 보다 성숙해지지 않았나 싶다.

처음 광주로 내려오던 게 엊그제 같은데 시간은 빠르기도 하다. 남도 여행은 철도보다는 고속버스가 편리할 때가 많다. 특히 대전을 지나면 쾌적한 풍경과 여유로운 도로 사정으로 한결 마음의 평안을 가질 수 있어서 좋다. 장성을 지나 광주에 이르면 가장 먼저 넓은 유선형의 순환 고속도로와 빽빽하게 들어서 숲을 이룬 아파트 단지가 펼쳐진다. 1980년대 초 방문했던 광주의 모습에 비하면 격세지감이다.

서광주 IC를 빠져나오다 보면 국립광주박물관, 시립미술관이, 그리고 좌측에는 운암제가 자리하고 있다. 시원하게 펼쳐지는 준외공원을 거치면 광주문화예술회관이 이어진다. 중심가로 행하는 대로변에는 펄럭이는 뮤지컬 공연이나 광주 비엔날레를 알리는 배너 광고가 눈에 띈다. 예향(藝鄕)이라고 하는 광주의 모습들이다. 곳곳에 공원과 호수가 있고 대도시의 도심 한복판으로 영산강(담양용추~목포)이 가로질러 흐른다. 4 대강이 도심을 관통하며 흐르는 곳은 광주와 서울뿐이다. 더욱이 1187 미터의 국립공원 무등산까지 지척에 있다. 이처럼 자연과 도시가 어우러 진 지역은 드물다.

고속버스를 타고 광천 터미널에 내리면 오가는 사람들로 붐빈다. 흰색의 스티로폼 박스를 들고 버스의 화물칸으로 향하는 승객들이 눈에 띈다. 대부분 자식이나 친척들에게 고생해서 잡은 생선 등을 전해주려는 50~60대 어머니들의 모습이다. 수산물이 풍부한 이 지역만의 독특한 풍경이다. 터미널 건물을 벗어나니 시원하게 뚫린 도로가 나타난다.

'무슨 도로가 이렇게 넓지?' 하는 생각이 들 정도다. 우리나라에서 가장 넓은 도로인 왕복 16차선의 무진대로(武珍大路)이다. 원래 서울의 광화문 세종로가 16차선이었는데 공원을 조성하면서 10차선으로 줄어드는 바람에 광주의 무진대로가 최대 폭의 도로가 되었다. 고속버스 터미널, 백화점, 기아자동차 등 대량의 교통유발 시설이 많고 고속도로로 연계되는 구간이기 때문에 광대한 도로가 만들어진 것 같다.

고속도로가 생기기 이전 서울과 호남을 이어준 것은 철도이다. 호남선의 철도 종착역은 광주역과 송정리역 그리고 목포로 이어진다. 광주나 목포로의 여행을 생각하면 우선 떠오르는 것은 아마 '남행열차' 노래가사가 아닐까? 열차에 몸을 싣고 내려오면서 "비 내리는 호남선"의 멜로디 한 번쯤은 중얼거리기 마련이다. 호남선(대전~목포)은 일제가 전라도의 풍부한 농산물 반출과 의병 탄압의 목적으로 1914년 1월에 준공했다고 한다.

호남선은 지역민에게 편리함도 주었지만 100여 년 가까이 눈물 어린 세월도 가져다주었다. 일제 때는 땀 흘려 거둔 산물을, 전쟁과 공업화 시대에는 남편과 자식을 외지로 떠나보내야 했던 슬픔과 한이 서린 철도가 아니었던가. 광주역에 내리기가 바쁜 걸음으로 어디론가 사라지는 사람들을 뒤로 눈에 띄지 않게 서 있는 두 개의 석상(石像)이 있다. '5.18 민중항쟁사적 2'라는 비석과 '예향광주, 의향광주'라는 신랑신부비가 광주역 광장의 바깥쪽에 서 있다. 남도를 상징하는 조형물인 듯싶다.

광주와 목포에 있는 남도의 상징물

# 03  사투리 마구 쓰시오

"고향이 전라도이신가요?" 가끔 이런 소리를 듣는다. 남도에 와서 지내다 보니 은연중에 나도 모르게 전라도 사투리를 섞어 쓰나보다. 집에서도 아이들과 대화하다 보면 "아빠, 그거 전라도 사투리야?"라고 묻곤 한다. 그럴 때 "우찌 알아뿌렀냐잉." 하면 온 가족이 "그랬어잉, 저랬당께." 하면서 한바탕 웃음을 터트린다. 한때 대전에 살 때는 온 가족이 "그랬시유. 왜 그런대유." 하며 충청도 사투리를 썼던 기억이 난다.

사투리는 중독성이 있어서 쓰면 쓸수록 그 맛에 빠지는 것 같다. 어느 지방이든 지역의 사투리는 그 지역사람과 소통하는 데 최고의 특효약이다. 사투리는 일부러 배우기도 어렵고 배울 기회도 없기 때문에 그 지역에 살거나 지역사람과 친하게 지내야 말을 할 수 있다.

사투리는 대화 분위기를 살리고 감칠맛 나는 쓰임새를 가지고 있다. 말하는 사람이 제멋에 취하기도 하지만, 쓰임새가 좋아 만사형통의 표현도 많다. '거시기' '됐시유' '욕봤데이' 등등 한 단어만으로도 수많은 뜻으로 통하는 그런 사투리가 많다. 전라도에서 두루 쓰는 '거시기'는 쓰이는 맥락이 무척이나 다양하다. 누가 모르는 질문을 하거나 갑자기 기억이 안 날 때, 또는 상대에게 말을 꺼내기가 조금 거북스러우면 "거시기 있잖

아."로 시작해보라. 확실하게 결론 내기가 어색할 때 "좀 거시기합니다."를 쓰면 책임을 면하는 데 좋다. 어떤 사람이 조금 맘에 안 들어도 "거시기 하다."고 하면 상대의 기분을 상하지 않게 한다. 이제는 표준어가 된 '거시기'는 마술적인 전라도 사투리이다.

그러나 이러한 사투리가 좋은 쓰임새에도 불구하고 우리 사회에서 많은 푸대접을 받아왔고 쓰는 사람에게 고통과 애환을 주기도 했다. 사투리의 고난은 어디에서 비롯되었는가? 학자들은 표준어 정책과 도시와 지방의 격차가 원인이라고 한다. 사투리는 서울을 중심으로 한 표준말의 텃세에 짓눌려 힘을 펴지 못했는데, 1930년대에 국어사전을 만들어 보급하면서 쇠퇴하기 시작했다. 광복 이후에는 사투리가 교육, 언론보도, 관공서에서 기피되었고, 1960년대 이후에는 사투리의 사용이 제한되었다고 한다. 그러다 보니 서울말과 시골말로 구분되었고 사투리는 천하고 촌스런 말, 지방색을 드러내는 말, 우스갯소리에나 쓰는 말로 취급받았다. '표준어 규정'은 표준말을 "교양 있는 사람들이 두루 쓰는 현대 서울말"로 정의했으니, 반대로 보면 사투리는 '교양 없는 옛날 지방사람 말'이 아닌가.

문제는 사투리 간에도 차별이 이루어진다는 점이다. 한때는 돈 있고 권력 있는 안하무인의 역할은 경상도 사투리, 조폭 건달은 으레 전라도 사투리, 하인이나 가정부는 충청도 사투리를 쓰는 장면이 연출되기도 했다. 특정지역의 사투리에 대한 비하나 왜곡도 생겼다. 심지어 지방에서 서울로 올라온 사람들이 사투리는 집에서 쓰고 학교나 직장에선 표준어를 사용하느라 애를 써야만 했다.

다행히도 이러한 현상은 완화되고 있는 듯하다. 얼마 전 서울의 한 교사에게 지방에서 전학 온 학생이 사투리를 쓰면 어떻게 하냐고 물었다. 선생님은 "처음에야 쑥스럽겠지만 괜찮아요. 오히려 친구들과 더 어울릴 수도 있어요."라고 했다. 대학에 다니는 아이들도 지방에서 올라와 사투리를 쓰는 친구들을 만나면 오히려 분위기도 좋고 호감도 간다고 한다. 이제 시대가 제대로 가고 있나보다.

요즘 젊은이들은 사투리를 모르거나 쓰지 않는다고 한다. 이러다가 몇 세대 후엔 사투리가 사라질지 모른다는 우려까지 나온다. 사투리에는 지역의 삶과 정서가 그대로 녹아 있다. 그러니 태어나고 자란 제 고장의 말을 잘 이해하는 것은 바로 자기 고장과 자기 문화를 사랑하는 일이다. 오히려 사투리가 가지고 있는 다양한 표현과 감성적인 어구가 우리의 언어 생활을 풍족하게 만든다. 사실 수도권에 전라도, 경상도, 충청도, 강원도 등의 사투리를 쓰는 사람을 제외하면 누가 있겠는가.

다행히도 사투리에 대한 변화가 일고 있다. 각 지자체에서는 어린이들에게 사투리를 가르치고 있으며, 강연에서 사투리를 쓰는 강사가 인기를 끌고 있다. 또한 사투리를 이용한 간판이나 예술작품도 늘어나고 있다. 얼마 전 광주시립민속박물관에서 아름다운 전라도 말 자랑대회가 열렸다. 상(賞)의 이름이 재미있다. 최고상은 진로존상, 다음은 영판오진상, 장려상은 어찌끄나상, 인기상은 배꼽뺀상으로 이름 붙였다. 사투리의 익살스러움과 재치가 넘치지 않는가.

2013년 광주디자인비엔날레, 거시기 머시기전

사라져가는 사투리의 복원이나 보존, 확산을 넘어서 이제는 사투리 경제가 움트고 있다. 대구에서는 매년 전국 사투리 상품·아이디어 공모전도 열린다. 각 지방의 정서와 애환을 표현하는 정감 어린 사투리를 상품에 활용하고자 하는 것이다.

강릉에서는 20년 이상 사투리 대회가 열리고 있다. 강릉 사투리를 새롭게 각색해 다양한 문화 콘텐츠를 만들자는 취지에서 사투리 토크쇼는 물론 사투리 인형극, 연극, 오페라, 시낭송회 등의 행사를 마련한 것이다. 사투리의 발전적인 활용이 두드러지고 있다. 부산에서는 관광객이 음식점의 사투리 간판을 보고 찾아들어온다고 한다. 사투리만으로 지은 시(詩)도 인기를 끌고 있다. 전라도 사투리로 지은 정윤천 시인의 '어디 숨었냐, 사십마넌'이라는 시를 감상해보자.

시째냐? 악아, 어찌고 사냐.

염치가 참 미제 같다만, 급허게 한 백마년만 부치야 쓰것다.

요런 말 안 헐라고 혔넌디,

요새 이빨이 영판 지랄 가터서 치과럴 댕기넌디,

웬수노무 쩐이 애초에 생각보담 불어나부렀다.

너도 어룰 거신디, 에미가 헐 수 읎어서 전활 들었다야.

정히 심에 부치면 어쩔 수 없고…

(중략)

엄니요? 근디 어째 사끄라우.

해필 엊그저께 희재 요놈의 가시낭구헌티

멫 푼 올려불고 났더니만,

오늘사 말고 딱딱 글거봐도 육십마년빼끼 안 되야부요야.

메칠만 지둘리먼 한 오십마년 더 맹글어서 부칠랑께

우선 급헌 대로 땜빵허고 보십시다잉. (생략)


어머니와 아들이 주고받는 정감 어린, 그러나 가슴이 찡하게 구수한 전라도 사투리다. 자식 눈치를 보며 돈을 보내달라는 어머니와 부족한 돈에 미안해하는 아들의 마음이 절절하게 느껴지는 것은 사투리로 표현되었기 때문이 아닐까.

사투리는 고향과 어머니에 비빔밥처럼 뒤섞여 사람들의 가슴속에 있는 추억과 정과 사랑을 헤집어놓는다. 한참을 우려낸 시골국물처럼 진득진득한 사투리의 맛 때문이다. 한 학자는 사투리의 필요성을 강조하면서, 그 고장에 가서 그 말씨와 색깔, 음식들을 만나지 못한다면 무얼 보고 들을 것인가라고 반문한다.

맥도널드의 표준화된 맛이 전 세계를 휩쓸어도 피자나 빈대떡은 살아 있다. 가수 싸이의 '젠틀맨'에서는 "알랑가 몰라"라는 사투리가 전 세계에 흥을 돋우고 있다. 새삼 우리말 사투리의 힘이 느껴지고 문화적·경제적인 가치가 재조명되고 있다. 이제 기품 있고 재치 있게 사투리를 사용해야 할 때이다.

# 04 자네 왔는가?

　남도에서는 자네라는 호칭이 일상적으로 사용된다. 한 행사에 참석했을 때의 일이다. 지역 원로 한 분이 다가오는 사람에게 "응, 자네 왔는가. 요즘 잘되고 있다시?"라고 했다. 어느 날은 식당에 갔는데 남편이 아내에게 "자네 뭐 먹겠는가?"라고 묻는 모습도 인상적이었다. 국어사전을 찾아보니 자네는 아랫사람을 높여 부르는 말이라고 되어 있다. 그러나 자네가 아랫사람에게 넌지시 친근감을 가지고 부르는 호칭인 줄은 알고 있었지만, 공적인 장소에서는 거의 들은 적이 없었기 때문이다.

　재미있는 사실은, 과거에는 나이가 적은 사람이 자신보다 나이가 많은 사람에게, 조선시대에는 아내가 남편에게 친근함의 표시로 사용하는 존칭어였다고 한다. 남도지역에서는 일반화된 존칭어인데도 불구하고, 다른 지역에서는 하대(下待)하는 뜻으로 받아들인다고 한다. 남을 낮게 예우하거나 푸대접한다는 뜻이다. 한 조사에 따르면 자네는 전라도 호칭으로 남성들이 주로 사용하며 타 지역에서 사용하는 경우 종종 오해를 받는다는 것이다.

　자네라는 호칭이 오해를 불러일으키는 것은 사람들이 본질적인 의미를 모르거나 적절하게 쓰지 않기 때문일 수도 있다. 타 지역 사람들이 쓰는 '당신' '이 사람'이란 용어도 마찬가지이다. 말이란 시대가 변하면 유행처럼 쓰임새가 변하는 모양이다. 아내가 남편을 부르는 호칭이 '당신' '여보' '자기' '오빠' 등으로 다양하게 변하지 않는가. 그러니 자네라는 호칭도 세월이 흐르면서 그 용법상의 의미가 변하고 있는가보다. 윗사람이 어떤 경우에 사용하는가에 따라 받아들이는 사람이 달갑지 않게 이해할 수도 있다.

예를 들면 직장 상사나 어른이 아랫사람의 못마땅한 점을 지적하며 "자네, 아직도 정신 못 차리나?" "자네, 이걸 일이라고 했는가?"라고 한다면, 듣는 사람은 자네라는 용어를 어떻게 받아들이겠는가.

'형님' '자네' 호칭은 그만! (『동아일보』 2008. 4. 15)
광주 북구는 상급자가 하급자를 이름이나 '어이' '자네'로 부르지 않도록 했다. 이는 친밀도를 높이기는 하지만 다른 직원이나 민원인이 볼 때 적절하지 않다는 의견이 많았기 때문이다.

하지만 반대로 "자네 멋있어." "고마워, 자네만 믿네."라고 한다면, 본래 자네의 의미와 용법이 돋보일 것이다. 즉 아랫사람에 대한 예우에도 불구하고 그 쓰임새가 상황에 맞아야 한다. 전문가들은 확실히 위아래가 분명한 경우에 아랫사람에게 사용하며 공적인 장소에서는 제3자의 입장을 유념하는 게 좋다고 한다. 아랫사람을 높여 부르는 가장 훌륭한 '자네'라는 용어를 칭찬이나 격려에 사용하면 오해도 없어지지 않을까.

# 05 인사 에피소드

어느 날 한 모임에서 기관장 한 분이 "여수에 와보니 아파트 아이들이 인사를 잘하더군요."라고 이야기를 꺼냈다. 동감이다. 금당산(金堂山) 아래 아파트에 살면서 가장 인상적인 것은 아이들이 "안녕하세~요."라고 고개 숙여 인사하는 모습이다. 어른들도 눈인사나 목례를 건네 온다. 인사하는 게 대수롭지 않은 일일 수도 있지만, 수도권에서는 드문 현상이다.

어느 날 엘리베이터에서 만난 아이가 인사를 하기에 기분이 좋아 오천 원짜리 지폐를 한 장 건네주며 칭찬을 했다. 그 후 어느 휴일에 엘리베이터를 탔는데 아이들 세 명이 인사를 하는 것이었다. 지난번 인사해서 돈을 받았던 아이도 함께 있었다. 주머니를 뒤져보니 천 원짜리 몇 장이 있어 한 장씩 나누어주었다. 인사 잘하면 만사 오케이다.

어린아이들만 그런 것이 아니다. 대학을 방문하면서도 이런 모습을 자주 겪게 된다. 나주에 있는 동신대학교를 방문한 적이 있다. 총장실에 들어서니 아담한 방이 꽤 분위기 있게 꾸며져 있었다. 여성 총장님의 섬세함과 배려가 학교를 아름답고 가정적인 분위기로 만들었다는 생각이 들었다. 총장님은 동신대학교 졸업생들은 사회에서 성실하고 착하다는 평을 듣는다고 칭찬하셨다. 재학생과 졸업생이 보낸 엽서와 편지를 보여주

셨는데 외국에서 온 것도 있었다. 보낸 학생이나 받은 총장님이나 정겨운 사람들이다. 순천대를 방문했을 때도 총장님이 "우리 지역의 기업인들로부터 졸업생의 성품이 좋다는 말을 자주 듣는다."며 자랑을 하셨다. 남도는 예술이 있는 예향(藝鄕)이기도 하지만, 예의가 올바른 예향(禮鄕)이기도 하다.

## 인사가 만사

요즘 취업준비를 하는 젊은이들은 이른바 '스펙'을 만들려고 토익점수나 자격증 취득에 열을 올린다. 하지만 직장에서는 인성을 중시한다. 한 취업 포털이 '함께 근무하고 싶은 직원'을 조사했더니 인사 잘하는 사람이 1위였다. 한 대기업의 임원은 얼마 전 회사 출근길에 한 젊은이로부터 멋진 인사를 받았다. 기분이 좋은 상태에서 신입사원 면접을 하러 회의실에 들어갔는데 바로 그 젊은이가 있었다. 면접위원들에게 그에 대해 소개했더니 그들도 좋은 인상을 받았다며 합격시키기로 했다. 이러한 현상은 흔하다. 한 백화점에서는 인사 잘하는 직원을 선발해 시상하고, 소비자 단체는 친절한 업소를 우수 업소로 선정한다.

LA 올림픽 금메달리스트 한 분이 우리 사무실을 방문했다. 그는 "직원들이 친절하네요. 인사하는 모습이 관공서라는 생각이 들지 않더군요."라며 칭찬을 했다. 그는 자신이 공공기관에서 강의할 때 우리 사무실의 친절함을 소개하겠다고 했다. 우리 조직에서 지속적으로 펼치고 있는 친절서비스운동을 인정받아 기뻤다.

'인사는 만사(人事萬事)'라는 말이 있다. 사람이 중요하다는 뜻도 있지만 인사 잘하는 게 최고라는 의미다. 인사는 만사형통의 길로서 사람의 강점을 부각시킨다. 인사는 사고가 유연하고 겸손하며 자신감이 있어야 가능하다. 또한 상대와 좋은 인상으로 관계를 원만하게 풀어나가는 데 기본이다. 그러니 누가 인사 잘하는 사람을 싫어하겠는가!

어떤 이는 많은 사람과 좋은 관계를 맺고 어떤 이는 소외되어 외롭게 지낸다. 왜 그럴까? 인사의 차이다. 돈이나 지위가 있다고 상대를 외면하고 자신만 알아달라는 사람은 그런 것이 없어지면 처량하다. 일본의 CM 기획자이며 『20대에 하지 않으면 안 되는 50가지』의 저자인 나카타니 아키히로는 상대보다 3초 먼저 인사하라고 당부한다. 인사는 당당함과 자신감의 표시이지 비굴해서 하는 게 아니다. 인사는 상대의 마음을 열게 하는 열쇠와 같다.

인사 잘하는 사람이 성공이나 인기를 누리는 현상은 주변에 흔하다. 얼마 전 올림픽 관련 재미있는 기사가 눈길을 끌었다. 올림픽 금메달리스트의 공통점이 인사를 잘한다는 점이다. 배드민턴의 하태권 선수와 역도의 장미란 선수, 양궁의 이성진 선수는 모두 인사 잘하기로 소문난 선수라고 한다. 또한 인기 가수들의 공통점을 찾아보니 역시 인사를 잘한다. 아이유, 티파니, 윤아, 카라 등과 같은 스타들이 유독 인기를 끄는 비결은 실력 못지않게 인사에 비결이 있다는 것이다.

미소로써 인사를 하면 몇 가지 좋은 점이 있다. 상대에게 '좋은 인간성' '긍정적 사고와 행동' '상대에 대한 배려와 존중'의 세 가지를 겸비한 사람으로 비친다. 이는 상대에게 강한 연대감과 신뢰를 준다. 취업 준비생, 기업인이나 서비스 종사자는 물론 주부나 직장인 모두에게 필요한 것은 친절한 인사다. 인사는 지식이나 논리가 아니라 행동이다. 실천해야 나타나는 것이다. 우리 모두 먼저 인사하자. 인사는 만사형통의 지름길이기 때문이다.

# 06  흔적을 남기시라

　남도사람들은 정(情)이 많다. 그래서 사람을 사귀는 데도 오랫동안 정을 나누어야 친해지고 믿음이 간다고 한다. 기업 하시는 분들은 관련 공무원이나 공공기관의 사람들이 자주 바뀌는 현상을 매우 못마땅해 한다. 기업인들은 "공무원들은 왜 그렇게 담당이 자주 바뀌어요? 업무를 알 만하면 떠나버리고, 새로운 사람이 오면 업무를 파악하느라 또 시간이 걸리고…, 참 일하기가 힘드네요."라는 말을 자주 한다. 1년이면 60~70%가 바뀌니 이런 불만이 나올 법도 하다. 얼마 전 기업인 간담회에서도 이런 불만이 제기되었다. 한 분은 세 가지 아쉬움이 있다면서 첫째, 공무원이 너무 자주 바뀐다. 둘째, 어느 날 인사도 없이 떠나버린다. 셋째, 그간 정도 들었을 텐데 올라가면 소식도 없다는 것이다. 기관에 따라 차이는 있겠지만 1~2년 이내에 모조리 바뀌는 게 현실이다. 그나마 지역 출신은 바로 적응하지만, 타 지역 사람은 적응할 만하면 가버린다고 한다.

　부임 인사를 다니면서 듣는 질문 중 하나가 바로 임기에 관한 것이었다. 대통령이 5년, 국회의원과 지방자치 단체장이 4년, 민간 단체장이나 임원 임기가 2~3년이지만, 대다수 임명직 공무원은 임기가 없다. 지도층

분들이 간혹 "청장님, 임기가 얼마지요?"라고 묻는 이유는 기관장들이 부임 인사를 하고 나서 몇 번 만나는가 싶으면 떠나버리기 때문이다. 기관이나 단체장 모임 등에 참석하다 보면 동시에 여러 사람을 만나므로 개개인을 기억하기란 쉽지 않다. 더욱이 모임 때마다 1~2명씩 새로운 사람이 나타난다. 적어도 서너 번 만나야 얼굴이나 이름을 알 수 있는데, 자주 바뀌는 것이다.

그런데 이러한 현상은 단지 사람이 만나고 헤어지는 문제가 아니라 지역발전에도 걸림돌이 된다. 물론 잦은 인사의 이유가 있다. 이해 관계자 간의 유착을 방지하려면 순환 보직이 필요하다는 것이다. 또한 승진이나 보직 변경으로 인한 인사가 잦기 때문이다. 잦은 인사이동의 부작용은 사회문제가 아닐 수 없다. 어느 국회의원이 "나로 호의 실패 원인은 공무원의 잦은 인사이동에 원인이 있다."라고 지적한 적이 있다. 담당국장 평균 재임기간이 1년 1개월이고, 우주개발 담당국장은 8개월, 과장은 9.7개월이었다고 한다. 전문성과 업무 연속성이 떨어질 수밖에 없다. 얼마 전 일부 기업체의 유해 화학물질 누출사고의 발생도 공무원의 잦은 인사이동으로 인한 전문성 부족과 형식적 관리가 하나의 원인이라고 한다.

또한 농업재해를 방지해야 하는 공무원을 자주 교체하다 보니 재난이 발생하기도 하고, 단속 업무를 하는 부서에서는 범죄방지에 소홀해지는가 하면, 재정운영 부서에서는 재정운영이 미숙하여 여산을 탕진하기도 한다. 장기 프로젝트의 수행이 미숙해 지역발전에 발목을 잡는 일도 생긴다. 국제 업무를 담당하는 공무원의 교체는 더 심각하다. 외국과의 네트워크가 망가지고 국제적인 신뢰도가 하락하기 때문이다. 이처럼 잦은 인사는 많은 부작용을 남긴다. 오죽하면 '기상청의 히딩크'로 알려진 외국인 공무원이 3년 5개월의 임기를 마치고 귀국하면서 한국 공무원의 잦은 인사이동을 지적했을까.

공무원에게도 불리한 일이 많다. 인사보복이나 징계수단으로 악용되는가 하면, 잦은 환경의 변화로 근무 의욕과 사기도 저하된다. 공무원 100만 명 시대에도 불구하고 이처럼 잦은 인사이동으로 떠돌아다니는 공무원이 많으니, 그 폐해는 결국 국민이 떠안게 된다.

이를 해결하기 위해서는 직무와 사람이 맞으면 오래 근무하도록 하되, 공직자 개개인이 주어진 자리에서 청렴하게 일하도록 해야 한다. 적당히 지내다 다른 데로 가기보다 진정성을 가지고 일해야 한다. 얼마 전 전남지방우정청장이 '예향남도 100만 남도편지' 행사를 개최했다. 디지털시대에 살고 있는 우리사회에 사랑과 행복의 소통방법을 다시 일깨워 주었다. 타 시도에서 10만 명에 불과한데 남도에서만 무려 81만 명이 참여해 문화·예술의 고향이라는 남도의 자부심을 일깨워주었다. 김병수 청장의 노력이 새로운 분야에서 지역을 빛낸 것이다.

지역의 기업인들은 "새로 부임하신 분들이 일하는 모습을 보면 적당히 머물다 갈지 지역을 위해 하나라도 해놓고 갈지 알 수 있다."고 한다. 그래서 처음 만났을 때 "청장님, 임기는 얼마예요?"라고 물어보는 것은 바로 "열심히 일해주세요."라는 당부라는 것을 잊지 말아야겠다.

# 07 유배에서 행운을 캐라

이곳으로 발령이 나자 친한 선배에게서 전화가 왔다. "이 국장 축하해야 하나 말아야 하나?" 어떤 친구는 심지어 "전라도로 유배 가시는 거야?"라고 농담 반 진담 반으로 놀려댄다. 서울에서 거리가 먼 곳이니 그런 말을 하는 것이라고 생각하며 웃고 넘어갔다. 옛날에 대부분 유형지로서 전라도 지역을 택했다고 하는데, 거리로 따지면 부산이나 대구도 마찬가지 아니겠는가. 어찌되었든 아직도 중앙에서 멀어지면 밀린다는 정서가 팽배한 가운데 원거리 발령은 곧 유배라고 여기는가보다.

그러던 차에 강진의 다산초당을 다녀와서 유배에 대한 이런 저런 내용을 살펴보니 공부할 점이 많았다. 유배는 신라시대 이후 주로 정치적 죄인을 임금과 멀리 떨어진 곳으로 귀양 보내는 중형이다. 따라서 지방으로 인사발령이 나면 선뜻 "진심으로 축하한다."라는 말을 하기가 어려울지도 모른다.

유형은 유배, 귀양, 유적이라고도 하며 죄의 경중에 따라 유배지(적소)으 거리를 달리한다. 2천리, 2천 5백리, 3천리로 나뉘며 반드시 곤장 100대를 쳐서 보냈다. 이외에도 곤장을 친 후 유배를 보내는 장유형, 귀양지의 일정한 처소에만 주거하는 안치(安置)가 있는데, 섬에 보내는 절도안치, 탱자나무 가시덤불로 둘러싸인 곳으로 보내는 위리안치, 고향으로 보내는 본향안치가 있다.

이러한 것은 현실에서도 나타난다. 얼마 전 한 여성단체가 성추행 혐의를 받고 있는 공직자의 발령을 반대하며 "여기가 성추행 검사의 귀양지였던가."라며 기자회견을 했다는 언론보도가 있었다. 사람들은 자신의 지역이 귀양지로 인식되는 데 부담을 느낀다. 그러나 잘 생각해보면 더 이상 이러한 현상에 마음 쓸 필요는 없다고 본다. 유배는 유배를 보낸 자와 유배를 당한 자의 관계일 뿐, 어디가 유배지였는가는 지역주민에게 큰 의미가 없는 것이다.

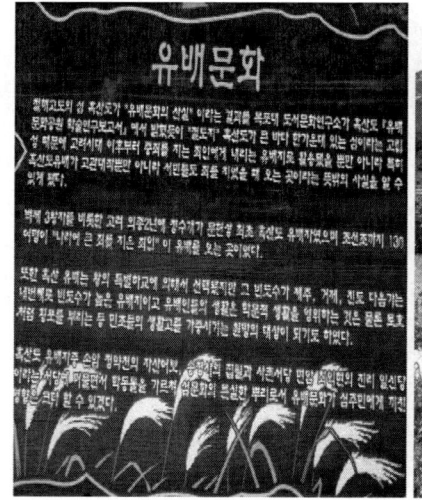

이제는 유배의 흔적이 자산이 되고 있다

유배는 신라에서 조선 말기에 이르기까지 흔히 행해졌다. 조선시대에는 수많은 사람들이 유배를 갔다. 임인옥사(1722년)에서는 노론 170여 명이, 신유사옥(1801년)에서는 천주교도와 남인 400여 명이 유배를 갔다. 지역적으로도 제주도에 200여 명, 전남 신안에는 140여 명, 남해에는 179명, 포항에는 105명이 유배를 갔으니, 전국 도서 벽지 곳곳이 유배지였다. 그러니 '전라도는 곧 유배지'라는 생각은 과장된 것이고 문제 지역이라는 생각은 잘못된 것이다. 단지 왕이 있는 궁궐에서 거리가 먼 지역을 찾다 보니 전라도, 경상도, 함경도, 제주도, 강원도 등이 유배지가 된 것이 아니겠는가.

## 오히려 업적을 남기고, 강한 사람이 되기도

유배된 사람들은 모함이나 탄핵으로 권좌에서 격리되기도 했지만 유배지에서 불행한 최후를 맞은 경우도 적지 않았다. 16세의 단종은 영월 청령포에 가서, 조광조는 화순으로 간 지 한 달 만에 사사되었고, 유희량은 거제도에 가서 교수형에 처해졌다. 그럼에도 귀양생활에서 더 훌륭한 업적을 남긴 이들도 있다. 김정희, 정약용, 윤선도, 송시열 등 기라성 같은 선조들은 귀양생활에서 자기성찰은 물론 자연의 이치를 깨닫고 지식을 집대성하여 작품을 남기기도 했다. 또한 평소에 지나쳤던 가족애와 삶의 존엄함을 깨우치기도 했다. 31살에 거제도로 보내져 5년의 귀양살이를 한 김진규는 당시 분위기에서 표현하기 어려운 아내에 대한 사랑과 그리움을 시로 썼다. 그가 쓴 의고(擬古)의 일부를 감상해보자.

물가 모래톱엔 두약꽃이,

깊은 산골엔 어수리꽃 피었네.

캐고 또 캐어 어디에 쏠런가?

부인과는 천리에 막혀 있는데.

바람 맞으며 보내주고자 해도

길이 멀어 맡길 심부름꾼 없네.

서로 사랑해도 만날 수 없지만

근심 없는 평온함, 어찌 닮지 않으랴.


18세기 실학사상을 집대성한 한국 최대의 실학자이자 개혁가인 다산 정약용(1762~1836, 경기 광주)을 떠올리면 19년간 해미, 장기, 강진 등으로 돌며 겪어야 했던 귀양살이를 말하지 않을 수 없다. 귀양살이는 그에게 깊은 좌절도 안겨주었지만 최고의 실학자가 된 밑거름이 되기도 했다. 귀양살이라는 정치적 탄압까지도 학문을 하라는 하늘의 뜻으로 받아들여 업적을 이뤄냈다.

1800년에 정조가 세상을 뜨면서 정약용은 관직에 나간 지 2년 만에 해미에 유배되었다 열흘 만에 풀려났지만, 이듬해 신유사화로 형 정약종이 참수를 당했다. 거우 목숨을 부지한 정약용은 그해 2월에 장기로 유배되었다가 11월에는 강진으로 옮겨졌다. 18년 동안 긴 강진 유배생활의 시작이었다. 그러다가 1808년 귤동의 다산초당에 자리 잡으면서 본격적으로 천여 권의 서적을 쌓아놓고 유교 경전을 연구했으며, 그 유명한 『목민심서』도 썼다.

고산 윤선도(1587~1671, 한성부)는 20여 년이나 유배생활을 했다. 그는 1616년(광해군 8) 집권세력의 죄상을 규탄하다 함경도 경원으로 유배되었다. 1년 뒤 경상남도 기장으로 유배되었다가 1623년 의금부 도사로 제수되었으나 3개월 만에 사직하고 해남으로 내려갔다. 1634년 강석기의 모함으로 성산현감으로 좌천된 뒤 이듬해 파직되었다. 그 흐 해남에서 지내던 중 병자호란으로 왕의 항복소식을 접하고 제주도로 가던 중 보길도의 수려한 경치에 이끌려 그곳에 정착하게 되었다. 그러나 1638년 다시 경북 영덕으로 귀양 갔다.

1651년(효종 2)에는 보길도를 배경으로 '어부사시사(漁父四時詞)'를 지었다. 다음해 서인의 모략으로 사직 후 경기도 양주 땅 고산(孤山)에 은거하며 마지막 작품인 '몽천요(夢天謠)'를 지었다. 1659년 73세에 서인파와 맞서다가 패하여 함경도 삼수에 유배되었고, 1667년 풀려나 부용동에서 살다 그곳 낙서재에서 85세로 죽었다.

추사 김정희(1786~1856, 충남 예산)는 최고의 글씨체인 추사체는 물론 '세한도'로 대표되는 그림과 시와 산문에 이르기까지 학자로서, 예술가로서 한국사에서 19세기 최고의 인물로 꼽히는 인물이다. 그 역시 혹독한 고문 끝에 제주도에서 서남쪽으로 80리나 떨어진 대정현에 위리안치(圍離安置)되었다. 9년간 귀양살이를 하면서 많은 편지를 통해 지인과 후학들에게 자신의 학문 세계를 전했다. 특히 부인, 며느리 등과 주고받은 40여 통의 한글 편지를 통해 인간적 면모를 드러내기도 했다. 최고의 걸작품인 '세한도'와 추사체도 이때 완성되었다.

1844년 나이 59세에 수제자인 이상적에게 세한도를 그려주면서 "날이 차가워진 연휴에야 소나무와 잣나무가 뒤늦게 시드는 것을 알게 된다." 라는 공자의 글을 발문에 적은 것은 유명하다. 추사는 정권의 실세였으나 유배생활을 통해 겸손함을 배웠다. 추사는 제주도에 유배 가면서 벗이었던 초의선사를 만나고자 해남 대흥사를 찾았는데, 원교 이광사의 '대웅보전' 글씨가 마음에 들지 않는다며 떼라고 했다. 그러나 유배를 마치고 돌아오면서 자신이 잘못 본 것이니 다시 걸어달라고 해서 유배지에서 배운 인정과 겸손함을 보였다고 한다.

## 유배지가 뜨고 있다

유배 인사의 업적에도 불구하고 일부에서는 유배 인물들이 비탄에 젖어 원망과 증오를 가지고 지역민을 현실 비판적이고 반집권적 성향으로 이끌었다는 논란이 있다. 그러나 이러한 주장은 사실과 다른 것으로 나타났다.

'제주유배한시연구'라는 논문에 따르면, 100여 편의 시문을 분석한 결과 자신의 처지 한탄과 충군애국 정신으로 임금을 사모하는 마음을 나타낸 것이 대부분이었다고 한다. 일부 비판의식에 영향을 미쳤다 해도 오히려 그들의 사색과 학문의 영향으로 서화, 시문이 발달하게 되었고,

결과적으로 남도문화의 예술적 탁월성, 정의감과 같은 덕목을 갖추게 되었다고 한다.

과거의 유배 논란보다 중요한 것은 유배 문화를 발전적으로 승화하려는 우리의 생각과 노력이다. 유배 흔적에서 현 세대에 취할 수 있는 긍정적인 요소를 발견하고 공유하는 것이 숙제가 아닌가 싶다. 이러한 점에서 최근에 유배지가 재조명되고 있다. 다산이 머물렀던 강진에는 다산초당, 다산기념관, 다산수련원 등 다산과 관련된 유산을 보러 전국의 관광객이 몰려들고 있다. 2005년에 건립된 다산수련원에는 매년 전국의 공무원 2500명이 다산의 목민정신과 실용주의 사상을 배우러 줄을 잇는다.

또한 해남에는 고산 윤선도 유적지가 있는데, 종가 고택과 녹우당을 비롯해 국보와 보물, 천연기념물을 보유한 역사 유적지로서, 또한 관광지로서 명성을 높이고 있다.

고산의 명작인 '어부사시사'의 배경이 된 완도의 보길도 또한 유배 문화의 터전으로 각광받고 있다. 이러한 남도의 유배 문화가 후세에 빛나고 있듯이 전국 각지에서도 유배 역사를 재조명하고 이를 문화관광 자원으로 활용하려는 움직임도 일고 있다. 포항은 송시열, 정약용 등이 유배를 왔던 곳인데, 이곳에 유배문화체험관이 세워진다고 한다.

유명한 문인이나 정치인 등이 유배되어 기거했던 가옥을 복원하고 그들의 작품을 전시하는가 하면, 유배에 대한 역사를 정리하여 대중에게 공개하려는 것이다. 이에 앞서 2010년에는 경상남도 남해에 '남해유배문학관'이 세워졌다.

유배 체험관까지 설치한 문학관은 『구운몽』의 작가인 서포 김만중을 비롯한 조선과 고려시대의 유배자 179명의 데이터베이스를 구축하고 있으며, 남해 유배자들의 삶과 문학을 소개하고 있다. 김만중문학상과 미술전람회 등의 행사도 열린다.

이와 같이 유배지를 재조명하고 문화관광 자원으로 탄생시키려는 움직임은 유배자들이 인생 역경을 넘겼을 뿐만 아니라 자아성찰과 문학작품을 남기는 등 후세에 교훈적 가치를 지니고 있기 때문이다.

이처럼 귀양생활에서 일화와 족적을 남긴 사람이 한둘이겠는가. 서울 사람들이야 지방으로 가면 좌천이니 귀양이니 하면서 호들갑을 떠는데, 조금만 달리 생각하면 기회이며 행운이 될 수 있음을 모를 것이다.

어느 모임에서 한 지역 인사가 "이곳으로 발령이 나서 내려오는 분들이 다산이나 고산의 자세를 보였으면 좋겠다."라는 말을 한 적이 있다. 되새겨볼 만하다. 더욱이 남도는 이제 더 이상 유배지가 아니라 기회의 땅이 아닌가!

도로에서 찾는 인물

　젊은 세대들이 지역의 역사적 인물에 대한 상식이 부족하다는 어느 지역 인사의 글을 본 적이 있다. 그 사례로 광주의 도로에 붙여진 도로 명이 어느 인물을 딴 것인지를 물어본 결과 상당수가 모르더라는 것이다. 어찌 젊은이뿐이겠는가? 서울에 살면서도 충무로, 충정로, 세종로, 퇴계로, 을지로, 백범로 등과 같은 도로명의 의미를 모르는 사람이 태반이다. 충정로가 충정공 민영환의 호라는 사실은 서울 토박이조차 모른다.

　광주의 충장로나 금남로는 5.18을 거치면서 전국적으로 알려진 도로명이다. 경열로는 내가 근무하는 주소지의 이름이기도 하다. 그러나 한 번도 그 의미를 생각해본 적이 없었다. 어느 날 지역의 역사적 인물이 누가 있을까 궁금하던 차에, 서울의 도로명에 위인의 이름이 붙여졌으니 광주에도 그럴지도 모른다는 생각으로 찾아보았다. 아니나 다를까. 충장로는 임진 명장 김덕령, 금남로는 정충신의 호, 의재는 남화의 대가 허백련의 호, 그리고 경열로는 고려 말 정지 장군의 호이고, 그 외에 대부분의 대로 명칭이 이름만 대면 알 수 있는 인물을 따서 붙여진 이름이었다.

　그러니 도로에 이름을 붙일 정도의 인물이라면 한 번쯤 이들에 대한 공부도 해볼 만하지 않은가. 더욱이 인물 공부는 곧 역사 공부요 그 인물의 행적과 업적을 알아 자신의 삶의 나침반으로 삼을 만하지 않겠는가.

## 광주의 도로명과 위인

| 도로명 | 구간 | 관련 위인 |
|---|---|---|
| 고봉로 | 흑석-광산동 | 고봉 기대승(1527~72) 조선 학자 |
| 눌재로 | 서창 검문소-칠석동 | 눌재 박상(1474~1530) 조선 문인 |
| 사암로 | 송정 고가-광산IC | 사암 박순(1523~1589) 조선 문인 |
| 제봉로 | 광주역-남광주 | 제봉 고경명(1533~1592)<br>임진왜란 당시의 의병장 |
| 금남로 | 구 도청-발산교 | 금남군 정충신(1576~1636)<br>조선 중기의 무신 명장 |
| 충장로 | 충장로-경열로 | 충장공 김덕령(1576~1596)<br>임진왜란 당시의 의병장 |
| 경열로 | 광주역-농성동 | 경열공 정지(1347~1391)<br>고려 말의 장군 |
| 구성로 | 광고 앞-월산 | 구성공 전상의(1575~1627)<br>조선 중기의 무신 |
| 지호로 | 동명동-지산 유원지 | 오지호(1905~1982)<br>서양화가 |
| 의재로 | 학동-증심사 | 의재 허백련(1891~1977)<br>남종화가의 대가 |
| 죽봉로 | 농성 지하-동운 고가 | 죽봉 김태원(1870~1908)<br>한말 항일 의병장 |
| 필문로 | 서방-남광주 사거리 | 필문 이선재(1389~1454) |
| 회재로 | 주월동-세하동 | 회재 박광옥(1526~1593)<br>조선 중기의 문인 |
| 서암로 | 동운-서방 사거리 | 서암 양진여(1862~1910)장군<br>한말 항일의병 |
| 송강로 | 충장사-충효교 | 송강 정철(1536~1593)<br>가사문학의 대가 |

지역의 역사는 오랜 세월에 걸쳐 만들어진 것이고, 역사는 수많은 인물의 발자취가 점점이 녹아 만들어진 것이다. 따라서 도로명에 인물명을 붙이는 것은 역사의식이 살아 있음을 보여주는 것일 뿐만 아니라 애향심과 문화적 자부심의 표현이다. 또한 지역 홍보와 마케팅의 중요한 방법이기도 하다. 최근 전라북도에서도 도로명을 바꾸면서 견훤로, 태조로, 운암로, 강원도 원주에서는 박경리로, 충남 서산은 겸허로 등 각 지방자치 단체가 도로 명칭을 역사적 인물을 되새기며 새로 만들고 있다.

이러한 인물 위주의 도로명에 더하여 새로운 변화가 일고 있다. 도로명에 기업이나 사회 기여자의 이름을 붙이는 사례가 일고 있다. 독일 귀터슬로에는 아웃도어 의류로 유명한 밀레의 창업자 '칼 밀레'의 이름을 딴 거리가 있고 회사 주소는 '칼 밀레 거리 29'이다. 밀레가 회사를 창립해 많은 일자리를 제공하고 사회적으로 기여한 데 보답코자 독일 정부가 준 선물이다. 광주에도 기아자동차의 도로부지 제공과 지역경제에 대한 공헌도를 높이 평가해 이름 지어진 '기아로'가 있고, 부산에는 르노삼성차 앞 도로를 '르노삼성로'로 명명하고 있다. 기왕이면 아름다운 꽃 이름 또는 희망이나 기쁨을 나타내는 단어를 사용하여 도로나 거리 이름을 지어도 좋을 것 같다.

# 창조경제 1번지

# 01 세상은 변하는 법

　세상은 변한다. 나라도 사회도 회사도 변하고 가정도 개인도 모두 변한다. 잘사는 나라가 못 사는 나라로, 못 사는 나라가 잘사는 나라로 변한다. 설사 크게 변하지 않더라도 조금이라도 변하기 마련이다. 1870년대 스페인이나 포르투갈, 아르헨티나, 칠레는 세계에서 가장 잘사는 부류의 나라였다. 반면 한국을 비롯한 대만, 싱가포르, 카타르는 나라의 존재마저 세상에 알려지지 않았었지만 지금은 선진국의 문턱에 와 있다. 미래를 향한 희망과 지속적인 노력이 있었기에 가능했다.

　남도도 예외는 아니다. 어떤 이들은 호남의 어려움과 고난을 정치군사적으로 해석하여 백제까지 거슬러 올라간다. 하지만 천년 이상의 세월이 흘렀을 뿐 아니라 작금의 역사는 선진국과 후진국이 뒤바뀌는 데 불과 100년이면 충분하다. 그래서 과거에 연연하지 말라고 하나보다. 혹시 백제의 명맥에서 역사적 교훈이나 자부심이 필요하다면 백제의 융성을 음미하는 것도 필요할 것이다.

　백제는 삼국 중 가장 먼저 많은 역사서를 편찬한 국가이다. 다산 정약용은 "백제가 3국 중 가장 강성했다."라고 말했다. 고구려가 69만 호의 대국이었는데 백제는 76만 호나 되었고 인구도 400만 명이었다고 한다.

여말선초에는 전국 인구의 28%나 되었다. 신채호는 『조선상고사』에서 조선 이래로 해외에 영토를 확보했던 시기는 오직 백제 근구수(近仇首)왕과 동성대왕뿐이다."라고 했다. 일부 중국과 일본의 영토조차도 백제의 속국이었고 6~7세기에는 필리핀군도, 인도네시아반도, 인도까지 진출했던 진취적인 나라였다고 한다.

호남은 임진왜란 때 왜구로부터 나라를 구한 것은 물론 병자호란(1636년) 때도 가장 많은 의병들이 구국에 나선 지역이다. 이순신 장군은 "호남이 없으면 나라도 없었다."고 했다. 1907년 항일 의병활동의 경우 일본군에 대항한 호남 의병의 수는 60.1%에 이르렀다.

이러한 역사와 기름진 땅과 해양 자원에도 불구하고 산업화 과정에서 심각한 인력 유출과 농업 쇠퇴로 어려움을 겪게 되었다. 5.18이라는 불행한 시기를 거치며 많은 트라우마(trauma)도 안게 되었다. 남도는 아픔이 있고 한이 있는 지역이다. 그러나 아픈 과거는 흘려보내야 한다. 기억은 하되 결코 미래의 부채로 넘겨서는 안 되기 때문이다. 성공하면 과거의 아픔과 설움이 빛나지만, 그렇지 못하고 과거에 연연하면 오히려 해가 되고 독이 된다.

내가 만난 지도자들의 다수는 남도가 새롭게 일어서야 한다는 점을 주장한다. 경제가 우선이고 열심히 일을 해야 하는데, 지나치게 과거 타령을 해서는 안 된다는 목소리도 있다.

현실이 녹록하지 않다. 얼마 전 전국의 지자체를 대상으로 한 성장-쇠퇴 지역을 구분한 결과 전남의 15곳이 인구 감소, 산업 쇠퇴, 주거환경

악화의 세 가지 요소에 해당되는 쇠퇴도시라는 것이다. 쇠퇴도시는 서울, 부산, 강원, 경남, 등 전국에서 발생하고 있으니 이러한 지표는 놀라운 것이 아니다. 이미 남도는 수많은 어려움을 겪어왔기 때문이다.

하지만 지방자치 단체 간의 경쟁은 갈수록 치열하다. 남도의 눈앞에는 현안이 산적해 있어 머뭇거릴 시간이 없다. 앞을 보고 변해야 한다. 강원도 평창이 교통망이 해결되면서 메밀꽃 피던 산골에서 고랭지 채소, 피서지, 스키장으로 명성을 얻으며 거듭나는 것이나 한때 귀양지인 제주도가 국제적인 관광도시로 변한 것을 보면, 세상은 변한다. 남도 역시 변하기 마련이다.

# 02  미래를 만든다

창의적인 아이디어를 현실화시키는 개인이나 새로운 사업을 만들어내는 기업과 조직의 힘은 무엇일까? 소비자의 욕구를 읽고 그에 맞는 것을 제공하는 것이다. 그러한 힘은 변화를 통해 미래의 결과를 얻어내는 과정에서 비롯된다. 그렇다. 미래는 기다리면 다가오는 시간적 흐름이 아니라, 노력해서 만들어내는 성과물이다.

이따금 만나는 어느 회장님께서 말씀하셨다. 사람들과 대화하다 보면 화제의 70~80%가 자신들의 과거 자랑이나 무용담이라는 것이다. 이러한 현상은 나름대로 성공했거나 나이 드신 분들에게 나타나는 일반적인 특징이기도 하다. 하지만 그분은 이런 일상적 대화보다는 지역발전을 위한 건설적인 논의가 아쉽다고 했다. 일부 지역은 피폐화되어 사람이 떠나는데도 실질적 대안이 마련되지 않아 안타깝다고 했다. 공무원들도 쌀 증산 1위, 퇴비 증산 1위를 달성했다고 현수막을 크게 써 붙이고 예산이나 포상금 확보에 열 올리는 모습이란다. 대부분의 지자체들이 재정이 취약하다 보니 단돈 몇 억 원이라도 확보하려고 정부의 눈치를 보며 서울을 오가는 게 하루 이틀의 현상은 아니다. 1차 산업이나 전통 제조업이 세월을 지나며 서서히 경쟁력을 잃고 있는데 이를 유지하려고 한다면 결국 낙후 지역이 되고 만다. 인구감소와 급속한 노령화는 이러한 점이 누적된 결과로 나타나는 현상이다.

그러나 이러한 점을 무릅쓰고 변화를 위해 기울이는 노력도 만만치 않다. 주어진 자원에 안주하지 않고 미래를 개척하는 지방자치 단체의 공무원들이 있는가 하면, 어려운 지역의 기업환경에도 불구하고 해외시장을 주름잡는 기업도 있다. 모두 미래를 만드는 모습이다.

조찬 특강에서 고창군의 사례를 듣게 되었다. 고창군의 재정 자립도는 7.78%에 불과하며 세수가 35억 원에 불과했다. 온천 관광지를 개발하여 전국 최고의 휴양 관광도시로 만들었는데, 온천에서 50억 원의 수입을 올린다고 한다. 또한 농민의 역량을 모아 복분자 산업화에 성공하여 연간 1500억 원의 매출을 올리며 전국 시장의 50%를 차지했다. 생산에만 전념하던 경작 문화를 바꾸고 이를 유통 및 판매에 역점을 두고자 지역사회가 유통회사를 설립했더니, 과거와 비교할 수 없을 정도로 매출이 늘었고 따라서 작목도 늘게 되었다. 2009년에 비해 2011년의 매출이 4배 증가한 것이다. 고창군의 과제는 비리와 부패의 청산이었다고 한다. 이러한 점을 심각하게 여긴 군수는 청렴운동을 펼쳐 2010년 청렴도 평가 전국 시군구 1위를 차지했고 6년 연속 청렴도 평가 우수기관이 되었다.

수차례에 걸쳐 가족과 함께 남도여행을 했는데, 다시 가보고 싶다고 하는 곳의 하나가 바로 우드랜드이다. 장흥군의 장흥읍 우산리 억불산에 조성된 '편백숲 우드랜드'는 120ha에 이르는 편백숲을 지방자치 단체가 직접 나서서 조성했다. 지자체형의 유일한 숙박 및 회의가 가능한 치유의 숲이다. 20여 개의 방을 운영하고 있는데, 1개월 전에 예약해야만 이용이 가능할 정도로 인기가 좋다. 억불산 정상(518m)까지 이어지는 3.8km의 말레 길과 편백나무의 벽체에 소금을 발라 만든 찜질방인 편백소금집 등 다양한 체험 시설도 마련돼 있다. 2012년 한 해 방문객이 69만 명으로 15억 원의 입장 수입을 기록했는데, 갈수록 인기가 높아 주변 연계 관광에도 기여한다고 한다. 치유의 숲이라는 관광 브랜드를 만들어 성공한 사례이다.

전남 순천에 소재한 (주) 파루를 방문한 적이 있다. 태양광 추적 장치, LED 시스템 조명, 전기 운반차 등을 제조하는 업체이다. 종업원 257명이 근무하는 중견기업으로 코스닥 시장에 상장되어 있다. 사장은 1993년에 여직원 1명을 데리고 창업한 이후 20여 년의 힘든 여정을 보냈다고 한다. 누구보다 미래에 대한 혜안을 가지고 철저하게 준비하는 스타일의 경영자다. 그는 지방에서 인프라도 없이 연구 개발에서부터 시작하여 모든 것을 혼자 헤쳐 나갈 수밖에 없었다. 사람도 없을 뿐더러 부품인 볼트 하나 가공할 곳이 없는 등, 유관 업종이 받쳐주지 않아 수도권에서 사업하는 것보다 2~3년 지연될 수밖에 없었다고 한다. 그럼에도 파루 직원의 98%가 지역 출신이고 회사 매출은 95%가 타 지역 또는 해외에서 이뤄진다. 비결은 뭘까? 철저하게 미래를 준비하고 만들어가는 기업가적 정신에 있었다. 인쇄전자 분야를 파루의 미래 먹을거리 사업으로 정하여 8년 동안 R&D에만 150억 원을 투자했다. 순천대학교와 산학연 네트워크를 구축하여 인쇄전자과를 신설, 직원 10명을 입학시키고 5명은 박사학

위까지 취득하도록 하여 전문기술 인력을 확보했다. 이 회사를 방문했던 중소기업청장은 파루는 인력난에 시달리는 중소기업에게 모범적인 사례라고 칭찬했다. 투자한 성과는 2013년에 55억 원의 매출로 나타났으며, 앞으로 파루는 이 분야에서 가장 선도적인 업체로 자리 잡을 전망이다. 파루의 매출은 200억 원에서 384억 원('12)으로, 2년 만에 두 배 가까이 성장했다.

결국 성공은 잘못된 관행을 바로잡는 데, 나아가 이제까지 유지해왔던 방식에서 새로운 미래의 길을 찾아가는 데 있는 것이다.

# 03 농·공·상 6차 산업으로

매주 화요일은 '농·공·상(農工商) 융합 중소기업 방문의 날'로 정하여 현장을 다니고 있다. 농·공·상 융합은 6차 산업과 유사한 개념이다. 자연에서 재배 또는 양육되는 농·수·축·임산물(1차)을 식·의약품으로 가공, 제조(2차)한 후, 정보통신 기술이나 관광 서비스(3차)를 연계한 통합적 산업이다. 1차+2차+3차=6차 또는 1차×2차×3차=6차라는 등식으로 설명되는데, 1990년대 중반 일본 동경대학교의 이무와라 나코미 교수가 농어촌 지방의 활성화를 위해 도입했다. 이사까야(居酒屋) 외식 체인(chain)이 직영농장에서 생산 가공한 제품을 자사의 체인에 공급한 것이 시초라고 한다. 일본은 2011년 6차 산업화법도 제정했다.

농공상의 융합이 새로운 트랜드

1차의 농수산물을 2차의 제조업을 통해 가공생산하면 보관, 운송 등 물류비용 절감, 소비자의 휴대 및 섭취 편의제공, 그리고 상품의 가치를 증대시킬 수 있다. 또한 농어민과 제조 및 서비스업이 전략적 제휴를 통해 원자재 공급과 제조판매, 자본투자와 경영 노하우를 공유하거나 현지 특산물과 관광객을 연계하는 효과를 거두게 되어, 농어촌의 소득증대와 소비자의 후생에 기여한다. 고구마를 밭에서 캐어 팔면 kg당 약 2천 원대의 가격이지만, 이를 음료로 개발하면 5배인 1만 원 가까운 가격으로, 기능성 건강식품으로 가공하면 수십 배의 부가가치를 만들어낼 수 있다. 나아가 고구마 농장을 개방하여 관광객이 찾아와 직접 농사와 요리를 체험하게 할 수도 있다.

우리나라에서도 6차 산업에 대한 연구 확대와 정부·지방자치 단체가 관심과 지원을 아끼지 않고 있어 향후 전망이 밝게 하고 있다. 2011년부터 농림수산식품부와 중소기업청이 공동으로 300여 개의 농·공·상 융합형 중소기업을 선정했고, 매년 농·공·상 융합 엑스포도 개최하여 대국민 홍보와 기업 판매활동을 지원하고 있다.

무엇보다도 기업체의 움직임이 빠르게 진행되고 있다. 충남 보령에서는 양돈장에서 돼지고기로 가공한 후 시식과 소비로 연계하는 '돼지카페'를 운영, 9단계의 유통단계를 2단계로 줄여 방문객에게 제공하고 매출을 올리고 있다. 또 김포의 인삼쌀맥주는 지역산물인 인삼과 쌀을 이용하여 맥주, 음료, 비누 등을 생산한 후 체험코스를 운영하여, 2009년 이후 139억 원의 매출과 2만 4천 명의 방문객을 맞이했다고 한다.

그러나 6차 산업의 메카로 손색없는 지역을 꼽으라면 바로 광주전남이다. 풍부한 농수산축산물은 물론 생산물의 품질도 전국 최고 수준을 자랑한다. 거기다 배후에는 광주의 첨단산업과 소비시장이 있다. 보성녹차, 광양 매실, 장흥 헛개, 완도 전복, 신안 소금, 진도 해삼, 담양 대나무 등 이루 헤아릴 수 없는 진귀한 식량자원이 현지 가공과 판매로 연계되고 있다. 생명공학 기술을 개발 보급하기 위한 연구 인프라도 완벽하게 갖추고 있으며, 산학연 활동도 원만하게 이루어지고 있다. 광주의 바이오프로텍과 가보농산은 꿀벌의 분비물과 자연식물에서 추출되는 프로폴리스를 이용한 음료, 비누, 치약 등을 생산하여 시장에서 호평 받고 있다. 순천의 BM 생명공학은 자연식물에서 추출한 물질로 안구건조증 치료기를 개발했는데, 소비자의 반응이 좋아 전국적인 TV 광고까지 했다. 곡성의 유용곤충연구소는 파리의 천적인 노랑금 좀벌을 이용해 친환경적인 축사의 파리 제거가 가능케 하여 20억 원의 매출을 기록하고 있다. 또한 동의나라는 뽕잎 음료를 개발하여 매년 3배의 매출 신장을 보이는 등 맹활약을 하고 있다.

이들은 오랜 기술개발로 차별화된 상품을 만들고 있으며 향후 생산이나 매출규모 면에서 충분한 성장 잠재력을 가지고 있다. 따라서 전통적인 제조업뿐만 아니라 이러한 농·공·상 기업을 적극 발굴·지원하는 게 필요하다. 전국의 농·공·상 융합형 중소기업 300개 중 광주전남의 업체가 112개나 선정되었으며 이는 40%에 이른다. 우리 지역이 6차 사업의 본산이라는 점에서 전국 단위의 연합회도 결성했고, 전국에 산재한 이

분야의 기업을 광주전남으로 유치하고자 유치 설명회와 현장 탐방을 실시했다.

또한 온라인을 통한 식품판매가 일반화되면서 남도의 구석구석에 있는 특산물이나 전통식품의 판매가 원활해졌다. 이미 된장이나 고추장, 양파즙과 같이 홈쇼핑으로 대량판매에 성공한 사례도 있지만, 인터넷 쇼핑이나 소셜 마케팅으로 전국의 소비자를 직접 상대하는 사례도 증가하고 있다. 기업 경영에서 가장 애로를 겪는 판매난이 새로운 판매수단으로 인해 해소되고 있다. 6차 산업이 지역경제의 스타로 부상할 날을 기다린다.

# 04   농수산, 과학을 만나다

　남도는 전국 농수산물의 20% 이상을 생산해낸다. 또한 전국 친환경 농산물 출하량의 35% 이상을 차지하고 있다. 그러나 여전히 예측할 수 없는 기후, 인력의 부족, 저장 및 유통 비용의 증가로 고전을 면치 못하고 있다. 더욱이 어디에 좋은지, 어떤 근거가 있는지, 생산과정은 위생적으로 문제가 없는지에 대한 소비자들의 궁금증을 해소하는 것도 중요하다. 생산자의 입장에서는 어떻게 예측 가능한 농사를 짓고 오랫동안 변질되지 않게 상품을 저장·유통하느냐가 관건이다.

　이러한 문제는 과학적인 방법으로 인체에 좋은 엑기스를 추출하여 고급 식의약품의 원료나 제품으로 생산하여 판매함으로써 해결할 수 있다. 그러나 이를 중소기업이나 개인이 하려면 수십억 원의 투자가 필요하므로 그리 쉽지가 않다. 그러나 연구개발 및 시제품 생산까지 공공기관이 해결해준다면 기업이나 개인은 훨씬 비용과 시간을 줄일 수 있다.

　이러한 기능을 위해 설립된 연구원이 있다. 전라남도 생물산업진흥재단에 속한 7개의 연구 센터가 바로 그것이다. 지역의 풍부한 농수산 자원을 가공하여 식품이나 의약품으로 만들 수 있도록 2002년부터 순차적으로 설립되었다.

재단에는 나주 식품산업연구센터(2006년), 화순 생물의약연구센터(2007), 장흥 천연자원연구원과 한방산업진흥원(2009), 곡성 생물방제센터(2009), 장성 나노바이오연구센터(2010), 완도 해양바이오센터(2010)가 지역별로 특산물과 연계되어 연구개발을 하고 있다.

최첨단의 연구·생산 설비를 갖추고 250명의 전문 연구 인력이 농수산물의 과학적 상품화를 지원하고 있다. 특히 7개의 연구 센터는 단지 연구만 하는 게 아니라 생산설비와 창업보육 센터도 갖추고 있다. 96개의 중소기업이 입주하여 2236억 원의 매출('12년)과 1170명의 인력을 고용하고 있다.

입주 업체 중에는 신제품을 선보이며 급성장하는 기업도 나타나고 있다. 나주의 (주) 켐포트는 식품산업연구원과 공동으로 미생물 발효공학과 천연물 정제기술을 이용하여 건강 기능식품 원료인 고순도 오메가-3를 제조하여 수출하고 있다. 2006년 대전에서 나주로 이전했는데, 2007년에 고용인원 25명, 70억 원 매출에서 2011년에는 고용 86명, 매출 125억 원으로 성장했다. 장흥의 P&K는 헛개나무의 엑기스를 추출하여 건강 기능성 제품을 제조하는 회사로서, 2007년도 설립 후 연구개발을 거듭한 결과 2012년도에 30명의 직원과 41억 원의 매출을 기록했다.

나주에 있는 식품연구센터에서는 농수산 자원을 부가가치가 높은 가공식품으로 개발하고 생산토록 지원한다. GMP(good manufacturing practice : 의약품 제조 품질관리 기준) 시설을 갖추고 있어 시험생산이 가능하며 식품위생검사 업무도 하고 있다. 화순에 소재한 생물의약연구센터는 백신,

세포치료제 등 의약품 개발 및 산업화를 지원하는데, 의약품 생산시설을 갖추고 있으며 신약 승인 등 인허가도 지원한다.

장흥의 천연자원연구원은 황칠과 같은 천연 기능성 소재 및 천연물로부터 의약품 개발을 지원한다. 약물의 안전성을 검증하는 동물실험 장비도 갖추고 있다. 한방산업진흥원은 한약제제, 한방 화장품, 한방 기능성 식품을 개발하고 제품화한다. 약용작물 종자보급 센터를 운영하며 수입 한약재 통관검사와 중금속 등 유해물질 검사도 한다.

곡성의 생물방재센터는 미생물과 천적을 이용한 병해충 방제기술 연구와 친환경 농업용 미생물의 시험생산 시설을 갖추고 있다. 또한 잔류농약 검사, 식품 및 토양 검사를 실시하여 친환경 농자재 검증과 분석을 하고 있다. 생물방제는 해충을 제거하는 데 곤충을 이용하는 것이다. 또한 유용한 곤충을 키워 사료, 식품 등으로 산업화하는 첨단 미래의 산업이다. 우리가 혐오스럽게 여기는 곤충 등이 고부가가치 산업자원으로 개발되고 있으며 선진국에서는 이미 활성화되고 있다.

장성의 나노바이오연구센터는 천연물에서 유용한 물질을 추출하는 초임계(액체와 기체를 구분할 수 없는 상태) 추출 장비를 갖추고 있어 피톤치드, 향수, 천연색소 등의 추출과 혈관 흐름을 개선하는 스텐트를 제조·생산하도록 지원한다.

완도의 해양바이오센터는 해양생물을 활용하여 기능성 물질을 개발하며 수산물 가공식품과 건강 기능성 식품의 생산을 지원한다. 이러한 7개의 연구센터는 개인 중심으로 이루어지던 천연자원의 상품화를 전문기관이 적극 지원함으로써 사업의 성공률을 높이고 있다. 또한 중소기업이나 개인의 8.9%만이 연구에 필요한 시설과 장비를 갖추고 있다는 점을 감안하여 이들 장비 사용 시 비용의 70%까지 5천만 원 범위 내에서 지원하므로, 고가의 장비를 갖추지 않고도 연구개발이 가능하다. 이러한 인프라로 인해 전국에서 식품가공 업체들이 남도로 오고 있다. 행운의 세븐, 생물산업진흥재단의 7개 연구원은 남도의 산업 특성에 맞는 보석처럼 소중한 기관이다.

# 05  전통시장의 대박

 얼마 전 광주에서 전국 최초로 '창조적 전통시장 만들기 전진대회'가 열렸다. 행사에는 무려 600여 명이나 되는 시민, 학생, 상인을 비롯해 전국과 지역의 인사들이 참석했다. 행사는 제목만큼이나 색다르고 다채로운 이벤트로 많은 사람들의 눈길을 끌었다. 그저 죽어가는 재래시장을 살리자는 종전의 구호보다는, 뭔가 새롭고 활기찬 분위기의 창조적 시장을 만들자는 취지로 행사를 구성했다. 정부가 마련한 행사임에도 시장 상인이 행사의 사회를 보고 연극을 공연하는가 하면, 고객에 대한 서비스 개선을 다짐하기도 했다.

 행사장 로비에는 특성화 고교생들의 포스터가 전시되었는데, 이를 둘러본 기관장들은 "디자인과 구호가 기발하다, 전국적으로 공유하면 좋겠다."라며 기뻐했다. 전남미용고등학교 학생들이 자원봉사로 참석자들에게 네일아트 체험 서비스를 제공했다. 젊은이의 참여로 활기찬 분위기 속에서 행사가 진행되었을 뿐만 아니라 전통시장에 화사한 기운을 불어넣는 기회가 되었다.

 우리나라의 전통시장은 1500여 개가 있는데 그 수는 매년 줄고 있다. 대형마트와 SSM(대형 슈퍼마켓), 홈쇼핑과 인터넷 판매의 급속한 확대로 인해 위축되고 있는 것이다. 한때는 매년 20여 개의 시장과 4천여 개의 점포가 사라지기도 했다. 서민경제가 어려워지고 있는 것이다. 따라서 정부는 전통시장을 살리고자 지난 10년간 2조 원 가까운 예산을 지원해왔다. 시장의 지붕을 아케이드 형식으로 개선하고 주차장과 화장실을 설치하는 등 시설 및 환경 개선에 힘쓰고, 상인교육과 홍보는 물론 시장의 매출과 고객 증대를 위해 2013년에만 5천억 원어치의 전통시장 온누리 상품권을 발행했다.

이렇게 다양한 지원에 힘입어 시장의 경영 여건과 쇼핑 환경은 몰라보게 달라졌다. 하지만 일각에서는 아직도 전통시장의 서비스에 회의적인 시각을 보이고 있다. 시장이 변한다 해도 경쟁 상권에 비해 그 속도와 내용이 충분치 못하다는 것이다. 정부의 지원에 의존하는 현상도 우려하고 있다. 따라서 수많은 시장이 일시에 획기적인 변화를 이루기는 어렵지만, 백화점이나 잘되는 시장을 벤치마킹하고 자구적인 노력을 게을리 해서는 안 될 것이다.

## 잘되는 시장의 비결

전국에 이른바 '스타시장(市場)'이 있다. 이들 시장들은 혁신적인 마케팅과 경영 개선으로 눈에 띄는 성과를 내고 있다. 성공적인 시장에는 몇 가지 공통적인 특징이 있다. 첫째는 상인회를 중심으로 상인들이 단합하고 있으며 둘째, 자조적이고 창의적인 사업을 전개하여 수익개선에 노력하고 있다. 셋째, 상인 개개인이 좋은 상품으로 손님에게 친절하고 독창적인 서비스를 제공하고 있다. 마지막으로 정부나 지자체로부터 시장이 변화하는 데 필요한 관심과 지원을 이끌어낸 것이다.

전통시장 장보기 행사

장흥의 '정남진장흥토요시장'은 전국 최초로 주말에 문을 여는 문화관광 시장으로서 장흥 삼합(한우, 피조개, 버섯)이라는 특산물을 내세워 초기 20억 원대의 매출을 800억 원대까지 끌어올렸다. 특히 관광객에게 장흥 한우를 저렴하게 공급하고 각종 축제 및 이벤트를 개최하자 전국에서 사람들이 몰려들기 시작했다. 장흥군 한우 출하량의 38%를 토요시장에서 판매한다고 한다. 관광객도 주말이면 5천 명에 이르며, 연간 2천 명의 전국 공무원과 상인이 벤치마킹하러 온다고 한다.

서울 중곡동 제일시장은 정보통신 기술(ICT)을 접목한 모바일 결제와 경품행사, 정찰제 등을 실시하고 상인들이 공동 출자한 조합을 만들어 수익을 배분하기도 한다.

나주목사고을시장은 시장에 현대식 마트를 입주시켜 상생하고 있으며, 각종 문화와 예술을 시장과 접목하여 2012년에 대통령상을 수상하기도 했다. 서귀포매일시장은 매일올레시장으로 명칭을 변경하고, 시장 중앙 통로에 수로(水路)를 만들고 갤러리를 설치하여 쇼핑 환경을 개선하고, 택배 시스템, 정찰제 등을 실시해 명소로 자리 잡았다.


## 시장에도 혁신이 있다


순천에서 처음 간 시장은 동외동의 웃장시장이었다. 25년 전부터 돼지머리 국밥집이 있었는데 하나 둘 늘더니 지금은 15개나 된다. 이곳의 국밥은 전국에 알려져 있는데, 내장을 넣지 않고 숙취 해소에 좋은 콩나물을 넣어 담백한 맛을 낸다. 시장번영회장이 시장소개를 했는데 얼마나 유창하게 진행하던지, 웬만한 정치인이나 행정 공무원보다 더 체계적이고 일목요연했다. 번영회장은 술집 골목과 맞대어 있는 데다 지저분하게 쓰레기가 쌓인 시장을 변화시킨 이야기를 들려주었다.

상인들이 똘똘 뭉쳐서 깨끗하고 활기찬 시장을 만들고자 가장 먼저

한 것은 의식 개혁이었다. 우선 2008년과 2010년 정부 지원으로 두 차례의 상인대학을 개설하고 각각 50여 명의 상인들이 체계적인 교육을 받았다. 상인회장을 중심으로 부녀회가 나서서 쓰레기 하치장 같은 시장 주변을 정리했다. 상인들은 유니폼을 맞추어 입고 점포마다 자신의 웃는 모습을 담은 명함을 만들어 사용했다. 국내의 선진시장을 방문하여 벤치마킹했으며, 자체적으로 신문을 발행하고 씨름대회와 시립극단을 초청해 '춘향전'을 공연하기도 했다. 시장 상인의 대부분이 부녀자들인데, 이들의 건강을 위해 매일 1시간씩 체조시간을 갖기도 했다. 그 결과 고객은 50%가 증가했고 2011년에는 상인대학 운영, 시장발전, 한 평 정원 꾸미기 등의 성과로 각종 표창을 받는 영광을 누렸다.

'지역경제 살리고 부모님께 효도' 온누리상품권

전남 최대의 전통시장인 목포의 동부시장은 전통시장 상품권 유통이 잘 이루어지는 시장이다. 이 시장의 최경숙 대표가 운영하는 화장품 점포의 입구에는 온누리상품권 홍보대사라는 현수막이 붙어 있다. 그녀는 상품권을 들고 와서 머뭇거리는 손님에게 먼저 "상품권 환영합니다."라고 반긴다. 이 한 마디에 어색해 하던 손님이 나중에는 단골이 된다고 한다.

또한 단돈 천 원어치만 사도 9천 원 잔돈을 주면서 "손님은 한 장 주시고 나는 아홉 장을 드립니다."라고 넉살 좋게 말하면 손님이 즐거워한다고 한다. 정이 넘치는 시장을 만드는 데는 이러한 분들의 애정과 열정이 스며들어야 하고 상인 교육과 서비스 마인드가 절대적으로 필요하다.

나주목사고을시장은 2012년 2월에 개장한 공설 시장이다. 새로 지은 시장 건물이 마치 관광지에 온 것 같은 느낌을 준다. 기존의 시장과 달리 새로운 개념의 시장 모델이다. 시내에 있는 기존 시장 2개를 폐쇄하고 현재 위치로 이전하여 110억 원을 들여 지었다. 현대식 건물에 마트와 각종 농수산물 코너, 그리고 식당가를 갖추고 있으며 5일장을 위한 공간이 별도로 있다. 전통시장의 고질적인 문제인 주차장도 잘 갖추어져 있으며, 상인회장의 리더십과 상인들의 의지가 돋보인다. 상인회의 구성도 잘되어 있는데, 상인회장과 호흡을 맞추는 젊은 상인과 사무국장의 역할이 돋보인다.

이렇듯 전통시장은 더 이상 예전의 시장이나 상인의 모습이 아니다. 시장의 진화는 계속되고 있다. 거북이처럼 묵묵히 고객을 향해 뛰고 있는 전통시장이 비록 현대식의 마트에 일격을 당해 쇠퇴의 막다른 골목에 몰렸지만 이제는 다르다. 추억과 정이 있는 전통시장의 강점을 잘 다듬으면 조만간 찾아오는 시민들의 발걸음이 늘어나게 될 것이다. 시장과 상인들이 고객에게 새로운 것을 창조하여 제공하면 손님과 매출은 늘어나기 마련이다. 스타 시장들의 성공 사례는 다른 시장에서도 충분히 만들어질 수 있다. 모든 것은 진화하고, 과거의 것은 리바이벌(revival)해서 살아나기도 한다. 전통시장이 바로 그것이다. 오늘이라도 변화에 몸부림치는 주변의 전통시장을 찾아가자.

## 동네의 골목상권

광주에 와서 처음 눈에 띈 것은 월드컵경기장 옆에서 위엄을 자랑하는 롯데아울렛이었다. 규모도 크지만 주차장이 쇼핑객들의 차량으로 가득 차 있었다. 그러나 골목상권은 반대의 모습이었다. 므한경쟁의 경제 논리로 따지면 자본력과 홍보, 규모, 서비스 기술에서 앞서는 대형 마트가 부상하고, 상대적으로 쇼핑의 쾌적성이나 친절도가 떨어지는 골목상점의 침체가 당연할지 모른다. 이런 이유로 2008년 금융위기 때는 한 달에 25만 개의 점포가 문을 닫았고 대형 유통업체와의 갈등이 일면서 정부의 주요한 정책대상이 되었다.

우리나라에는 약 290만 개소의 '소상공인'이 있다. 제조업체는 10인 미만, 음식점이나 소매점 등의 서비스업은 5인 미만의 종사자를 둔 사업장을 말한다. 예전에는 정부에서 관심을 두지 않았지만, 이들 점포 하나에 여러 가족들의 생계가 달려 있기에 이들이 무너지면 가계가 무너지고 사회가 혼란스러워지며 민심이 흉흉해진다. 그래서 국가는 이들이 적정한 선에서 사업을 유지하고 문을 닫지 않도록 보호하는 것이 필요하다. 모든 사람들을 보호하고 지원할 수는 없지만, 적어도 단기간에 수많은 점포가 문을 닫지 않도록 지원하는 것이다.

여기저기 거리마다 음식점은 넘치고, 그 중 절반 이상이 몇 년 버티지 못하고 망한다. 그러니 지나치게 난립하는 업종을 피해 새로운 아이템의 사업을 제시하는 것도 정부의 역할 중의 하나이다. 소상공인이 일자리의 상당 부분을 맡고 있으므로 이들을 유지하거나 새로운 분야의 창업이 이루어지도록 하는 것이 국가 사회의 현안이 되고 있다.

# 06  길이 열리다

　현장을 다니다 보면 고속도로를 자주 이용한다. 쾌적한 도로 여건에 더하여 오가는 길의 주변 경치도 아름다워 쌓인 피로를 말끔히 씻어준다. 서울에서는 복잡한 도심을 벗어나는 데 한두 시간이 소요되지만, 남도에서는 지역 내 어디든 한 시간대에 도착할 수 있다. 교통량이 많지 않은 이유도 있지만 그만큼 도로 여건이 좋아졌다. 지역 내의 교통망도 개선되고 있지만 서울이나 수도권과의 연계성도 좋아졌다.

　1973년 대전에서 순천까지 호남 고속도로가 개통되면서 일일 생활권에 들었으나, 증가하는 인구와 물량의 이동을 감당하기에는 턱없이 부족했다. 명절이나 휴가철이면 서울과의 이동시간이 10여 시간씩 걸리곤 했으니, 기업이든 개인이든 모두가 불편하고 어려웠다. 이후 남해 고속도로를 비롯해 88, 서해안, 고창담양, 무안광주, 전주광양, 목포광양 고속도로 등 7개 노선이 개통되었다.

　2006년에는 고속철도가 연결되었으나 대전 이남으로는 여전히 저속구간이었다. 또한 복선화도 부진했다. 그러나 2015년 광주, 2017년이면 목포까지 복선 고속화가 이루어져 서울에서 1시간 30분이면 도착하는 반나절 생활권으로 바뀌게 된다. 그렇게 되면 이제까지와는 전혀 다른 지역발전의 계기가 될 것이다.

2007년에는 무안국제공항이 개항되어 광주, 여수와 함께 공항 이용도 원활해졌다. 아직 개항한 지 얼마 안 되어 기대할 만한 수준의 수송이 이루어지고 있지는 않지만, 앞으로 중국·일본 및 아시아 각국과의 항로 개설이 늘어나면 서울·제주와 더불어 중국과의 항공 관문이 될 것이다.

남도는 서남해의 바다를 끼고 있어 오래전부터 해상 운송과 교역의 중심지였다. 국제적으로 어선의 정박지였고 수산물의 수송로 역할을 해왔다. 그러다 보니 4대 개항인 목포를 비롯해 광양, 여수 등에 항만이 건설되어 해상 운송의 최적지로 되었다. 광양항은 제철소의 원료나 제품의 하역·수송을 위해 30만 톤급 선박의 입·출입이 가능한 유일한 부두로서 32개 부두를 갖춘 무역항이다. 여수항은 크루즈 8만 톤, 여객 1.5만 톤의 2개 부두를 갖춘 항구로, 목포신항은 3만 톤급 4척, 1만 톤급 1척이 정박할 수 있는 항구로 발전할 것이다.

목포항의 연안여객 터미널은 남도 각지의 수많은 섬과 육지를 연결하고 있다. 목포와 더불어 전남과 제주를 연결하는 여객선이 각지에서 운행되고 있는데 완도, 고흥, 고흥 녹동, 장흥, 해남 등 6개 항로가 개설되어, 남도여행에 이어 제주도로 건너가는 관광객은 물론 수산물이나 생필품을 나르는 상인이나 기업인의 편리를 도모하고 있다.

그러나 아직까지도 도로나 항공, 철도 수송망이 완비된 것은 아니다. 얼마 전 수출 중소기업과의 간담회에서 한 기업인이 교통의 불편을 호소했다. 예전에는 김해를 거쳐 오사카로 가는 비행기 편이 있었다고 한다.

그러나 지금은 김포공항과 인천공항을 거쳐야 오사카를 갈 수 있다. 고속철도를 탄다 해도 용산에 내려 서울역을 거쳐 인천으로 가야만 하니 그 불편이 크다고 했다. 기업인에게는 한두 시간이 소중한데 교통편이 제대로 받쳐주지 못하니 안타까운 일이다.

대구를 잇는 88고속도로에 대한 불편도 많이 오르내리는 이슈이다. 고속도로가 편도 1차선으로 되어 있어 제 기능을 상실한 지 오래되었는데도 요금을 받는다는 것이다. 2008년부터 확장공사를 하고 있는데 아직도 공사 중이란다.

그러나 다행스럽게 남도의 교통망 확충 사업은 착실하게 진행되고 있다. 광주-나주-해남-완도 간 고속도로 89.4km의 기본 설계가 완료되어 진행되고 있다. 항공편에 있어서는 광주의 군 공항과 민간 공항을 무안공항으로 이전하는 것을 추진하고 있다. 무안공항이 국제공항으로서의 역할을 제대로 할 것으로 전망된다. 또한 전국 최초로 작은 섬까지 비행기가 운행되는 프로젝트가 진행될 예정이다. 흑산도 소흑 공항 비행장이 정부의 조사를 통과하여 2017년 완공을 목표로 청사진을 펼치고 있다.

철도는 지난번 목포에 갔을 때 들은 바 있는 목포~제주 고속철도의 건설이 관심사다. 실제로 이 프로젝트가 완공되면 서울~제주 간 소요시간이 2시간 30분에 불과하게 된다. 목포에서 제주도까지는 불과 40여 분만에 도착하게 된다. 또 하나 남해안 철도도 지역발전에 엄청난 파급 효과를 가져올 것으로 보인다. 목포와 부산을 잇는 고속철도는 남해안의 관광과 농수산물 교역의 증대에 있어 남부권의 시너지를 가져올 것이다.

광주의 기아자동차나 삼성전자를 비롯한 대중소기업의 물동량을 보다 편리하게 수송하기 위해 목포신항의 자동차 전용 부두와 여수신북항 신설도 추진될 전망이다. 그러나 이러한 막대한 예산의 기간시설이 들어서기 위해서는 이용객이나 화물의 수요, 시설의 관리운영에 따른 비용조달에 문제가 없도록 철저한 사전분석과 준비가 있어야 하겠다.

# 07 사람들이 온다

　전 세계적인 인구증가로 인해 자원과 식량의 부족을 우려하는 목소리가 높아지고 있다. 곡물 가격은 매년 인상되고 있으며, 식탁의 물가는 서민의 주름살을 더하고 있다. 영국의 인구통계학자인 멜서스(Thomas Robert Malthus, 1766~1834년)는 급격한 인구증가와 식량의 부족 문제를 언급했다. 인구증가로 생산과 소비의 선순환적인 측면도 있지만 자원의 한계도 간과할 수 없다는 것이다.

　세계 인구는 1800년 10억 명이었으나 1920년에 20억 명, 제2차 세계대전이 끝난 이후 수직 상승하여 50년이 지난 1970년에는 40억 명으로 2배가 되었다. 1999년 60억 명을 지나 이제 70억 명 시대가 되었다. 우리나라도 매년 증가하여 1800년경 500여만 명에서 1925년 1349만 명, 1966년까지 3421만 명으로 늘더니 2012년 5천만 명을 넘어섰다. 인구는 식량이나 자원과의 불균형 문제와는 별개로 국가나 지역의 위상과 세력을 나타내고 수요와 생산에 직접적으로 연관된다.

　이런 이유로 일부 국가와 지역은 인구 고령화와 저출산으로 인한 인구 감소를 우려하고 있다. 2004년을 기점으로 전남 인구는 200만이, 전북은 2005년을 거치면서 190만이 무너졌다. 광주만 소폭 증가하며 150만 명에 다가섰다. 2013년 5월을 기점으로 충청권 인구가 호남권 인구를 추월하면서 이슈가 되기도 했다. 더욱이 사망인구가 출생인구보다 많은 데드크로스(dead cross)까지 나타나 인구감소를 우려하는 목소리가 높다.

  역사적으로 지역 인구는 다양한 요인에 의해 변해왔다. 호남은 한때 전국 최고의 인구를 자랑하던 시절도 있었다. 1669년 조선 현종 때는 경상도, 전라도, 평안도, 경기도, 충청도 등의 순이었으나, 1789년 정조 때는 북벌정책으로 평안도에 관청 설치와 주민 이주 단행, 농사의 풍·흉년으로 인해 평안도, 충청도와 함경도의 인구가 대폭 늘어났다. 그러던 것이 1925년에는 꾸준한 영농법의 발전, 전쟁 감소 등으로 전라도(449만 명)가 경상도(348만 명), 평안도(270만 명)를 넘어섰다.

  또한 1950년 전쟁 발발로 피난민이 부산 등 경상도 지역에 몰렸고, 이 상태에서 사상 최대의 베이비부머가 탄생했다. 더욱이 산업화로 수도권과 부산, 대구의 인구가 대폭 늘어나 1966년 300만의 인천·경기 인구는 1500만으로, 380만의 서울 인구는 1000만에 이르렀다. 하지만 호남, 충청, 경상권의 농촌 인구는 급격히 줄었다.

  남도의 고민은 인구감소이다. 고령 인구의 사망으로 당분간 감소세는 지속되겠지만, 장기적으로 호남의 인구문제가 비관적인 것만은 아니다. 한때 2~4만 명씩 줄던 감소폭이 이제 1~2천 명에 불과하다. 오히려 앞으로 귀농귀촌, 외국인 거주자, 공공기관의 혁신도시 이전, 산업구조의 변화에 따른 인구증가 요인에 주목해볼 필요가 있다.

  우선 베이비부머의 퇴직과 일자리 부족으로 최근 3년 전부터 서울, 부산, 대구의 대도시 인구가 일자리나 주거지를 찾아 외곽으로 유출되고 있다. 또한 쾌적한 환경을 선호하는 거주 개념이 확산되고 있다. 연 5만 명의 귀농귀촌 인구 중 약 24%가 전남 지역으로 이동하고 있다. 지역 균형발전의 정책이 시행되면서 6600여 명을 거느린 15개 기관이 광주전남 혁신도시로 이전하고 있다.

더하여 기술 중심의 농수산업, 농·공·상의 6차 산업, 친환경 웰빙(well-being) 식품의 선호, 몸과 마음의 힐링(healing), 관광 활성화라는 트렌드의 변화로 인해 방문객과 이주민이 유입될 것으로 보인다. 또한 도로 및 철도망, 항만 등의 유통 물류망이 개선되고 첨단 제조업이나 지식 서비스업의 발달이 가져오는 이전 효과도 기대된다. 최선을 다해 준비하면 좋은 결과가 있는 법 아니겠는가. 앞으로의 인구통계를 기다려본다.


## 전교생 90명, 시골 대안학교의 교훈

얼마 전 영암의 한 농원, 33도를 웃도는 폭염 속 시골 농가에서 의외로 곱고 흰 피부의 고 2 여학생들을 만났다. 현장실습을 나온 학생들이었다. "더운데 힘들지 않아요?"라고 물으니 예상 외로 "저희 고생하려고 왔는데요."라며 미소로 답한다. 충남 홍성의 풀무학교 학생들이다. 아침 해가 뜨자마자 일과를 시작하는데, 2주간 농사와 식품가공의 체험을 한다. 눈은 높고 일하기는 꺼리는 요즘 젊은이들과 다른 모습이다. 뚜렷한

목표도 없이 떠도는 '배낭족', 일도 교육도 마다하는 '니트족', 부모의 그
늘에서 안주하는 '캥거루족' 등으로 묘사되는 젊은이에 비하면 풀무학
교 학생들은 대견스럽다.

대견스런 풀무학교 학생들

그래서 며칠 후 충남 홍성의 풀무학교로 달려갔다. 교장선생님과 이사
장님이 친절하게 학교 안내를 해주셨다. 공식 명칭은 풀무농업고등기술
학교, '더불어 사는 평민'의 양성, 1958년에 설립된 대안학교의 원조, 전
국 선발 신입생 30명, 전원 3년간 기숙사 생활, 입학 경쟁률 4대 1 등등.
입시준비보다 지역에 맞는 인력을 양성하는 것이 목표라고 한다. 현대식
건물과 수백수천 명의 학생, 대학 진학을 목표로 거창하게 글로벌 리더

운운하는 현실과 비교하면 오히려 참다운 지역민의 양성이 진정한 교육 아닌가? 이것이 맞춤형 교육이기도 하다. 이들은 주변을 위해 자신의 역할을 하면서도 스스로 행복해하는 참된 인재가 될 것이다.

풀무학교 졸업생들의 지학일체(地學一體), 지역과 학교가 하나의 노력은 홍동면을 친환경 유기농업의 메카, 협동조합의 본산으로 만들었다. 전국 최초로 오리농법에 의해 100만 평의 계약 재배를 이뤄냈고, 주민이 주주가 되어 풀무생협, 풀무신협, 식당 협동조합, 집짓기 협동조합을 비롯해 40여 개의 협동조합을 운영하고 있다. 아이들 교육은 물론 도서관, 책방, 카페 등이 모두 주민 참여로 이루어진다. 젊은 농업인구도 해마다 증가하고 있다. 전국에서 연 3만 5천 명이 이 지역을 벤치마킹하러 온다고 한다.

풀무학교와 홍동면의 사례는 경제와 인구 문제를 해결하는 하나의 해법이 될 수 있다. 지역 공동체에 맞는 인력을 양성하고 지역 특산물로 가치를 창출하며 인구 유입의 효과도 거두는 시스템이기 때문이다. 광주전남의 지역 중소기업이나 농수산 분야에서 사람 구하기가 어렵다고 하는데, 인구감소가 커다란 원인이다. 금년도 상반기 전남은 1340명이 감소했다. 광주는 1806명이 증가해 전남의 감소분과 비슷하다. 광주와 전남은 경제구조가 다르긴 하지만 서로 공생하는 지역이다. 인구변화는 지역의 소비와 인력 수급에 영향을 미친다. 전남의 인구감소는 전남과 광주의 경제성장과 경쟁력을 떨어뜨리며 인력부족과 인건비 상승, 생산력 저하, 소비 감소 등의 악순환을 가져온다. 경제뿐만 아니라 타 분야의 위상도 약해지기 마련이다. 각자만으로는 규모의 경제면에서 불리하므로 광주와 전남의 선순환 관계가 중요한데, 핵심은 인구에 달려 있다.

사람이 오지 않는다, 사람이 떠나간다, 사람이 없다는 말을 하기 전에 현실에 맞는 사람을 키우고 머물도록 하는 여건을 만들어야 한다. 우선 왜 전국에서 풀무학교로 농업을 배우러 오는지 생각해보아야 한다. 홍동면이 지역경제의 활성화, 주민의 교육·문화 욕구 충족, 공동체 형성, 인구증가의 네 마리토끼를 잡는 데 불과 90여 명의 풀무학교가 큰 기여를 하고 있다.

광주전남의 지역도 차별화된 전략을 세워 실행하면 인구를 유입할 수 있는 적기이다. 실제로 여러 분야에서 인구 유입의 가시적인 성과도 나타나고 있다. 구례 예술인마을에는 홍익대 미술대학원의 교수 및 미술가 수십 가구가 집단으로 이주했는데, 이 마을이 멋지게 꾸며지자 주변 관광지와 어울려 관광객들이 들러보는 명소가 되고 있다. 미생물 방제센터와 같은 농수산물의 과학화를 지원하는 기관이 생기자 전국에서 관련 중소기업이 이곳으로 이전하는가 하면, 남도 지역의 천일염 업체에 납품하는 토판 생산업체가 경남 사천에서 목포로 이전해오기도 한다. 산업 연관성을 이용해서 타 지역의 기업을 유치할 수 있는 것이다. 또한 은퇴자들의 귀농귀촌 인구유입도 이루어지고 있다. 아무리 환경이 불리하다해도 주변자원을 활용하고 지역강점을 살리면 제2의 홍동면이 될 수 있다.

# III

# 남도, 2박 3일의 매력

# 01  남도의 자연과 멋

　남도에 와서 얻은 행운은 남도 탐방의 기회이다. 평소 쉽게 접하기 어려운 맛스런 음식, 멋있는 문화예술 그리고 즐거움을 더해주는 축제와 관광 명소를 만끽할 수 있기 때문이다. 남도는 여행의 보고(寶庫)이다. 잘 보존된 자연과 서·남해에 이르는 청정해역, 그리고 바다에 흩어져 있는 아름다운 섬들로 가득하다. 어느 계절에도 남도의 산과 들, 바다와 섬, 유적지와 사찰, 강과 호수, 숲과 정원이 사람을 맞는다. 남도에 오면 일상에 지친 사람은 기(氣)를, 병든 사람은 치유를, 건강한 사람은 보람과 휴식을 얻을 수 있다.

　과거에는 교통이 불편해서 오기 어려운 점도 있었지만, 요즘은 입체적인 도로망이 구축되었고 고속철도가 광주, 목포, 여수와 순천으로 이어졌으며 고속화도 마무리 중이다. 무엇보다 자가용 여행이 편해졌다. 따라서 지역을 찾는 관광객이 늘고 있다. 시군 단위의 볼거리와 편의시설, 주민들의 서비스도 향상되었다. 먹거리와 특산품도 소비자의 취향을 맞춰 제공되고 있다.

　남도는 육지, 섬, 산과 사찰 등의 테마로 나누어보기에는 이동거리가 멀다. 특히 수도권이나 영남권에서 왕복 6~7시간이 소요되어 한두 곳의 당일여행은 비효율적이다. 따라서 2박 3일로 3~4개 시군을 묶어 여행하면 다음에 방문하더라도 순차적으로 여행을 이어갈 수 있다.

## 한국의 가장 아름다운 곳

남도 관광지는 대부분 국내외의 공신력 있는 기관이나 언론에서 '한국에서 가장 아름다운 곳'으로 선정·추천한 곳이다. 세계적인 관광 사이트 CNN Go가 선정한 '한국에서 가장 아름다운 곳 50'에는 남도의 신안증도 염전, 죽녹원, 낙안읍성, 보성 녹차밭, 화순 세량제, 섬진강 기차마을, 청산도, 영산강, 순천만 등 9개가 선정되었다. 또한 한국관광공사가 매년 선정하는 100개의 추천 관광지에는 홍도, 증도, 거문도, 소쇄원, 순천만, 강진 다산초당, 진도 운림산방, 해남 땅끝마을, 완도 보길도, 화순 고인돌 등이 더해져 무려 19개가 손꼽히고 있다.

## 남도여행의 진수는 섬에 있다

남도는 섬이 가장 많은 지역이다. 우리나라의 섬 3215개 중 1966개로 61%를 차지하고 있다. 최근 남도의 섬은 각종 드라마나 오락, 국토기행 프로그램 등에 소개되어 인기를 끌고 있다. 더하여 해상교통도 좋아져 인터넷으로 사전 정보입수와 예약이 가능하다. 남도에서 제주도로 이어지는 해상교통은 목포, 완도, 장흥, 고흥에서 페리나 쾌속선이 있는데 2시간이면 닿는다. 섬으로 이어진 다리도 많이 생기고 숙박시설도 대폭 개선되었다.

남도의 섬은 청정해역, 수산물, 기암괴벽, 등산이나 산책로 같은 매력을 제공한다. 뭍에서 벗어나 뭍을 바라보면 도시나 육지에서 맛보기 어려운 소중한 시간을 가질 수 있다.

남도 섬의 아름다움은 국내외적으로 정평이 나 있다. 정부는 1981년 홍도에서 여수에 이르는 서·남해 400여 개의 섬을 잇는 8개 지구를 "다도해 해상 국립공원"으로 지정했다. CNN go에서 선정한 한국에서 가장 아름다운 섬 33개 중 14개가 전남에 소재한다. 섬이 가장 많은 신안군에 신의도, 흑산도, 홍도, 우이도, 가거도, 임자도 등 6개의 섬이, 완도군에는 완도, 소안도, 청산도, 보길도의 4개, 그리고 진도군에 진도와 관매도, 여수에 거문도와 사도가 선정되었다. 그러나 이외의 많은 섬들이 수려한 모습을 드러내며 세상에 소개될 것이다.


## 국립공원을 비롯한 명산들

2012년에는 광주의 무등산이 국립공원으로 지정되었다. 이외에도 장흥의 천관산, 1967년 우리나라 최초의 국립공원으로 지정된 지리산, 영암의 월출산이 전북 정읍의 내장산과 부안의 변산과 더불어 호남의 5대 명산으로 불리고 있다.

산림청이 국민 선호도, 접근성, 역사문화성, 규모, 생태적 특성을 고려하여 선정한 한국의 100대 명산으로는 홍도 깃대봉(368M), 해남 두륜산(700M), 광주 무등산(1187M), 광양 백운산(1222M), 영암 월출산(809.8M), 순천 조계산(887.1M), 장흥 천관산(723.9M), 담양 추월산(731.2M), 고흥 팔영산(606.7M)의 9개 산이 이름을 올렸고, 한국의 1300개 산을 오른 산악인 신명호의 『한국 100대 명산』에는 산림청의 100대 산에 더하여 장성의 방장산(734M)과 입암산(626M), 해남의 달마산(489M), 보성의 제암산(779M) 등 12개 산을 명산으로 분류하고 있다.


## 풍광이 수려한 백제의 명 사찰

남도의 풍광이 수려한 산자락에는 백제 땅의 명 사찰이 자리 잡고 있다. 영광에는 최초의 백제 불교 도래지가 있고 나주 에는 가장 오래된 사찰의 하나인 불회사가 있는데, 인도 승려 마라난타가 전하고 만들었다 한다. 대표적인 사찰로는 순천 송광사, 구례 화엄사가 양산 통도사, 합천 해인사, 부산 범어사와 더불어 한국의 5대 사찰로 꼽히고 있다. 송광사는 승보(僧寶) 사찰로서 불보(佛寶) 통도사, 법보(法寶) 해인사와 더불어 3보 사찰이다. 또한 장성 백양사는 예산 수덕사, 합천 해인사. 양산 통도사를 포함해 조계종의 5대 총림이다. 총본산 31개에 해당하는 해남 대흥사, 장성 백양사, 순천 송광사 ,순천 선암사, 구례 화엄사가 속한다. 남도 3갑사라고 하여 영암의 도갑사, 영광의 불갑사, 무안의 원갑사가 있다. 강진의 남미륵사 또한 최근에 많이 알려지고 있다.

대부분의 사찰은 유명산이나 주요 관광지의 주변에 자리하고 있어 접근성이 좋고, 아름다운 경치와 조화를 이루고 있어 연중 많은 불자들과 관광객들이 찾고 있다.


## 아름다운 길이 뜨고 있다

최근 올레길 걷기가 유행하면서 전국의 아름다운 길을 찾는 인파가 늘고 있다. 정부가 선정한 '아름다운 길 100선'에는 남도의 길이 무려 15개나 선정되었다.

담양 메타세콰이어 길은 1972년에 조성된 가로수 길로 전국에서 연인과 가족이 찾고 있다. 영광 백수 해안도로는 19km의 드라이브 코스에 해당화, 기암괴석, 칠산도 낙조가 장관이다. 진도의 진도대교는 국내 최초의 사장교(교각이 없이 케이블로 다리를 지탱)이다. 명량대첩의 울돌목 위에 설치되어 낙조와 야경이 멋지다. 셋방낙조 도로도 4km의 낙조를 감상하는 해안 드라이브 코스이며, 154개 섬의 조도에 있는 조도대교는 도리산 전망대에서 섬과 바다를 감상할 수 있다.

구례 섬진강길인 조도 9호선(구례~하동)에는 벚꽃터널이, 국도 17호선(곡성~압록)은 철쭉이 장관이다. 노고단 도로는 지리산 10경의 하나로 1100m 고지에서 봄 철쭉과 가을단풍을 만끽할 수 있다. 장성의 백양사 진입도로는 봄 벚꽃과 단풍이, 축령산 숲 16km의 비포장 길은 산책과 힐링에 최적지이다. 여수는 450m의 국내 최대 사장교인 돌산대교와 여수 야경이 일품이며, 오동도 방파제 길(여수 엑스포장~오동도)은 바다 풍경을 즐기며 걸을 수 있다. 영암 벚꽃 길은 왕인박사 유적지 주변 16km의 벚꽃이, 보성 대원사 진입로 5km 구간은 왕벚나무가, 해남 땅끝 길은 드라이브 길로 유명하다.

## 남도여행 권역별 관광명소

| 권역 및 지역 | | | 추천 명소 | 산, 교회, 사찰 | 아름다운 길 |
|---|---|---|---|---|---|
| 서부 | 북 | 영광 | 영광 염전 | 염산교회,<br>야월교회 | 백수 해안도로 |
| | | 함평 | 생태공원 | | |
| | | 신안 | 증도 염전 | 깃대봉<br>(368m) | |
| | 남 | 무안 | 갯벌 체험관 | | |
| | | 목포 | 목포항, 유달산 | | |
| | | 진도 | 운림 산방 | | 진도대교(국도 18호선)<br>셋방 낙조도로<br>(지방도 803호)<br>조도대교(군도1호선) |

| | | | | | |
|---|---|---|---|---|---|
| 남부 | 서 | 강진 | 다산초당<br>청자 박물관 | 남미륵사 | |
| | | 해남 | 땅끝 | 두륜산(700m),<br>대흥사 | 땅끝 가는 길<br>(국도 77호) |
| | | 완도 | 보길도, | | |
| | 동 | 장흥 | 우드랜드 | 천관산<br>(723.9m) | |
| | | 보성 | 녹차밭, | 일림산<br>(667m) | 대원사 진입로 |
| | | 고흥 | 나로 기지<br>소록도 | 팔영산<br>(606.7m) | |
| 동부 | 북 | 곡성 | 섬진강 기차마을 | | 섬진강 길<br>(국도 17호선) |
| | | 구례 | 산수유마을,<br>운조루 | 지리산(1733m),<br>화엄사 | 섬진강변 벚꽃 길<br>(조도 9호선) |
| | 남 | 광양 | 매화마을 | 백운산<br>(1222m) | 노고단<br>(지방도861) |
| | | 순천 | 순천만,<br>낙안읍성, | 조계산(887.1m)<br>송광사, 선암사 | |
| | | 여수 | 오동도, 향일암, 진남관 | | 돌산대교<br>오동도 방파제 길 |
| 중부 | 북 | 담양 | 소쇄원, 죽녹원 | 추월산<br>(731.2m) | 메타세콰이어 길 |
| | | 장성 | 영산강<br>황포돛대 | 축령산<br>백양사 | 백양사 진입도로(군도17호)<br>축령산 숲길(군도 15호선) |
| | | 광주 | 충장로거리 | 무등산<br>(1187m) | |
| | 남 | 나주 | 영산포 홍어거리 | 불회사 | |
| | | 화순 | 세량제, 고인돌 | 운주사 | |
| | | 영암 | F1경기장 | 월출산<br>(809.8m) | 벚꽃 길<br>(지방도 819호선) |

## 자연 생태계의 보고

영광을 대표하는 굴비 산업에는 490여 개 업체에 1600명이 종사하며 연 3200억 원의 매출을 자랑한다. 특히 70% 가까이가 법성포에 있다. 염산면에 있는 영백 염전은 최고의 친환경 천일염으로 유명하다. 또한 이 지역에 풍부한 모싯잎으로 만든 송편이 전국적으로 유통되고 있다.

함평에서는 매년 5월 나비 대축제와 10월 국향대전을 개최하고 있으며, 함평 천지한우가 유명하여 전국 최초의 '한우산업 특구'가 지정되었다. 호남 고속도로와 광주-무안 고속도로의 교차점에 있어 산업단지와 농공단지에 입주하는 기업에게 교통이 편리한 지역이다.

신안군은 우리나라 섬의 30%에 달하는 1004개의 섬으로 이루어져 '천사의 섬'이라고 한다. 홍도, 흑산도 등의 유명한 섬들이 신안에 있다. 신안은 광활한 갯벌에서 나는 미네랄이 풍부한 천일염의 주생산지이다. 우리나라 천일염의 70%를 생산하고 있다.

## 남도 예술의 향기

　목포는 부산, 인천, 원산에 이어 1897년 우리나라의 4번째 개항이다. 도청의 배후 도시로서 호남선 KTX, 목포항과 더불어 인근에 무안 공항이 있어 국내외 어디라도 갈 수 있는 교통의 중심지이다. 유달산과 삼학도로 상징되는 목포는 문화예술의 도시이자 수산업과 해운 항만이 발달한 남도의 중심도시이다.

　진도는 알고 보면 국민의 사랑을 독차지하는 명견 진돗개, 코발트색의 알코올 도수가 높은 홍주, 소치의 생가가 있는 운림산방, 그리고 듣기만해도 어깨가 들썩거리는 '진도아리랑'과 씻김굿과 같은 유명 브랜드를 많이 보유한 지역이다. 2013년에는 정부로부터 민속 문화예술 특구로 승인되었다.

　무안은 인구 7만 9천 명으로 전남 22개 군에서 두 번째로 많다. 무안 갯벌은 2001년 정부 제1호의 습지 보호구역으로 2008년에는 갯벌 도립공원과 순천만에 이은 국내 두 번째의 람사르 협약 연안 습지로 지정되었다. 게르마늄이 많은 비옥한 땅에서 전국 양파의 18%, 전국 마늘의 7%가 생산된다.

## 맛과 멋의 고장

강진은 어디에 내놔도 좋을 만큼 콘텐츠가 풍부한 지역이다. 월출산, 무위사, 시인 김윤식(영랑), 다산 정약용, 하멜과 전라병영, 마량항, 백련사 등 많은 문화관광 및 예술 자원을 가지고 있다. 또한 고려청자의 고향이기도 하다. 전국에서 한 해 2500명의 공무원들이 다산의 정신을 배우러 온다.

해남은 인구가 7만 8천 명으로 전남의 군 단위 지역에서 가장 인구가 많은 지역이다. 해남 하면 많은 사람들이 '땅끝'을 떠올릴 것이다. 황토 고구마, 절임배추가 유명하며 쌀, 김, 전복, 넙치의 주산지로도 잘 알려져 있다. 축산업도 왕성해서 한우와 돼지 사육 두수가 해남 인구보다 많은 10만 두나 된다.

완도는 청산도와 고산 윤선도의 보길도 등 201개의 아름다운 섬과 장보고의 청해진이 설치됐던 지역이다. 우리나라 전복의 81%, 김의 40%, 미역·다시마의 70% 이상을 생산하고 있으며, 2014년 세계 최초로 세계 해조류 박람회를 개최할 만큼 해조류의 본산으로 꼽히는 지역이다.


## 치유의 숲을 찾아

장흥은 장흥삼합(쇠고기, 버섯, 피조개)을 만들어내 연 800억 원의 매출을 올린 장흥 토요시장으로도 유명하다. 억불산의 편백 우드랜드와 편백 소금 찜질방은 1~2개월 전 예약을 해야만 이용할 수 있다. 한방산업진흥원이 있으며 통합의학 박람회를 개최하는 등 건강과 주거 개념의 접목을 시도하고 있다.

보성은 우리나라 녹차의 40%를 생산하며 지리적 표지제의 제1호가 되었다. 보성 녹차밭은 2013년 9월 CNN이 선정한 '세계의 놀라운 풍경 31선'으로 전 세계에 소개되었다. 벌교 꼬막은 연 100억 원의 매출을 보이고 있다. 여자만은 국내 해안습지 최초로 람사르 협약의 보전 습지로 등록되었다.

고흥은 유자와 석류의 고장이기도 하다. 나로 호의 발사로 우리나라 우주 천문의 상징성을 지닌 곳이다. 나로 호 우주센터와 더불어 국립청소년 우주체험센터와 고흥우주천문과학관이 소재하고 있다. 나로도는 팔영산 다도해 국립공원 지역이다. 나로도 항은 삼치 파시로 유명하다.

장성은 교통물류의 중심지이다. 호남 최대의 화물 터미널이 있고 철도, 항공, 도로 교통이 원활하게 연결되어 있다. 광주의 첨단산업 단지에서 불과 20여 분 거리에 있다. 필암서원은 장성군이 배출한 조선 청백리 등에 관한 자료를 볼 수 있는 청렴 문화센터를 운영하고 있으며 전국의 공직자들이 방문하고 있다.

담양은 우리나라 최대의 대나무 산지로 전국 25%의 면적을 보유하고 있다. 죽공예품의 매출이 연 50억 원에 이른다. 2015년에는 세계 대나무 박람회가 개최된다. 풍부한 역사와 문학, 관광의 고장이다. 또한 한과, 떡갈비, 대나무통 밥, 딸기가 유명하다. 창평은 2007년 슬로우 시티로 지정되었다.

## 갈대와 항구의 멋

순천은 440만 명의 관광객이 다녀간 순천만 국제 정원 박람회를 통해 세계적인 정원도시가 되었다. 여수에 이어 전남에서 가장 많은 인구를 자랑하는 순천은 관광도시로 명성을 얻고 있으며 2개의 국립대학을 비롯한 각급 교육기관이 소재해 교육의 도시로 알려져 있다.

여수의 오동도는 한려해상 국립공원, 거문도, 백도는 다도해 해상 국립공원이다. 356개의 섬과 여수 산업단지, 항공, 철도, 해상의 입체적인 교통망 그리고 풍부한 수산자원과 먹거리가 어우러진 종합 관광도시이다. 세계 4대 미항으로서 천혜의 아름다움을 갖추어 관광과 정주 여건이 뛰어난 미래의 레저 스포츠 문화의 중심지가 되고 있다.

## 섬진강을 따라서

곡성은 산세가 아름다운 지역이다. 곡성 기차마을은 옛 곡성역사와 철로 주변을 공원과 놀이시설, 장미정원으로 꾸몄다. 섬진강변 10km의

증기 기관차 여행과 5km의 레일바이크 구간에서는 섬진강 국도 17호선의 경관을 만끽할 수 있다. 5월에는 1004종의 장미를 만끽하는 장미축제가 유명하다.

구례는 지리산, 섬진강, 넓은 들판의 3대(大)의 지역으로 연 600만 명의 관광객이 찾는다고 한다. 구례는 벼, 한우, 애호박, 오이가 유명하다. 특히 구례의 생수는 국내 어느 생수보다 미네랄이 2~4배가 풍부하다. 구례 오이는 서울 농수산물 시장에서 상인들 사이에 가장 먼저 경매에 올린다고 한다.

광양에는 세계 최대 규모를 자랑하는 광양 제철소가 있다. 남도에서 지리산 다음으로 높은 백운산이 있는데, 3월에 고로쇠나무에서 수액을 채취하고자 많은 사람이 계곡을 찾는다. 매년 3월이면 다압면의 매화마을은 눈부시게 화사하다. 청정 섬진강의 재첩과 은어도 광양의 매력이다.


## 도시와 전원의 조화


광주광역시는 인구 150만의 국내 다섯 번째, 호남권 최대의 도시이다. 광산업을 비롯한 독자적인 첨단산업과 삼성전자, 기아자동차 등 가전과 자동차 산업이 발달해 있다. 연간 150억 달러의 수출도시이며 문화, 경제, 교육, 산업, 정치 등 호남의 중심적인 역할을 하고 있다. 5.18 민주화 운동을 비롯하여 역사적으로 외침과 독재에 대항한 지역으로서의 자부심을 가지고 있는 UN 인권도시이다. 2012년 무등산이 국립공원으로 지정되었다.

나주는 나주 혁신도시가 건설되어 나날이 번성하는 도시이다. 나주 곰탕, 구진포 장어, 영산포 홍어, 나주 쌀, 나주 배, 세지 멜론 등의 먹거리와 특산품은 물론 볼거리도 가득 담았다. 영산강 주변에서 자라는 쪽의 염색이 유명하다. 2006년에 나주 천연염색 문화관을 건립하기도 했다.

화순은 광주에 인접한 전원도시로서 74%의 면적이 산으로 되어 있다. 화순은 5월이면 힐링푸드 페스티벌을 개최하는데 향후 발효식품의 대표적인 지역으로 발돋움하고 있다. 온천, 골프장을 갖춘 휴양 레저 지역이다.

영암은 월출산으로 인해 기(氣)의 고장으로 불리며 '기찬랜드'라는 레저파크를 개발했다. 특산물 무화과(無花果)는 전국의 70%를 차지한다. 대불국가 산업단지는 자동차, 기계, 제강, 선박업의 기지 역할을 한다. 왕인 박사와 도선 국사의 고향인 구림마을, 왕인 박사 유적지, F1 그랑프리 등의 볼거리가 많다.

# 03  남도의 맛

전라도 음식이 대단하다는 것은 이미 널리 알려져 있다. 외지인들은 서울에서는 감히 엄두도 못 낼 푸짐한 음식을 저렴하게 즐길 수 있다. 남도의 어느 지역을 가도 청정해역에서 갓 잡아 올린 싱싱한 생선에다, 계곡이나 산등성에서 자란 귀한 나물과 약초는 물론 미네랄이 풍부한 무공해 야채와 양념까지, 어느 것 하나 소중한 먹거리가 아닐 수 없다. 자랑스럽게 내놓는 각양각색의 산해진미를 접하면 어디로 손이 먼저 가야 할지 모를 정도이다. 거기에 음식의 명인들이 손맛으로, 자연의 발효 기술로, 풍류가 있는 상차림으로 만들어 내오는 음식은 굳이 이것저것 가려먹을 이유가 없다. 시군마다 개성이 있는 재료와 맛을 내보이므로 남도 여행은 맛 기행의 최적지이다.

먼저 광주에는 오미(五味 : 한정식, 송정 떡갈비, 오리탕, 무등산 보리밥, 김치)가 있다. 그 중 으뜸은 남도의 맛과 멋, 인심을 집약해놓은 한정식으로 싱싱한 특산물이 한상 가득하다.

송정 떡갈비는 술안주 겸 별미로서 구수한 냄새가 지나가는 발길도 멈추게 하며, 오리탕은 들깨가루와 신선한 미나리를 듬뿍 넣어 맛이 개운하고 밤, 대추, 인삼, 녹각, 찹쌀 등을 넣어 보양식으로 최고이다. 신선한 계절 채소와 나물을 곁들인 보리밥과 남도 김치는 맛있기로 정평이 나 있다. 광주는 1994년부터 매년 세계 김치축제를 개최하그 있다.

남도 음식의 진수는 단연 수산물에서 나온다. 내가 즐겨먹는 남도 음식의 하나는 짱뚱어탕이다. 갯벌에서 게와 함께 서식하는 짱뚱어는 메기를 닮았는데 전골이나 구이로 먹기도 한다.

여수의 한여름 바닷가에서 막걸리 식초로 새콤하게 무친 서대 회는 맛이 일품이다. 무채나 미나리를 넣고 버무린 매콤한 맛은 자꾸 손이 갈 수밖에 없게 만든다. 여수의 또 하나 일품은 건강에 좋다는 하모(일본말, 갯장어)다. 샤브샤브로 해서 먹는데 나중에 우러난 국물이 담백하다.

보성은 꼬막 정식이 유명한데 입에 넣을 때 흐르는 상큼한 국물도 일품이다. 그래도 꼬막 무침이 새콤하니 입맛을 돋우는 데 최고다. 완도의 전복은 명성이 자자하다. 완도의 어디를 가든 전복 회와 전복죽이 일미이며 함께 나오는 내장의 맛도 일품이다. 진도의 간재미 희무침은 홍어 무침과 비슷한 맛이 난다. 영암의 갈낙탕은 연포탕과 전라도 한우의 조합이다. 건강식으로 평가받는 영암의 대표적인 별미이다.

목포에서는 산란기 가을 갈치의 맛이 최고이다. 회로 먹거나 기름을 발라 먹어도 좋다. 목포의 갈치 찜은 감자, 호박, 고구마 순 등의 야채를 얹어 먹는다. 흑산도 홍어는 남도의 대표 음식으로 잔칫상이나 진수성찬에 오르는 고급 음식이다. 신안에서는 8월에 민어 축제가 열리는데, 민어는 가격은 좀 세지만 맛이 좋고 독이 없으며 성인병 예방과 더위를 물리치는 최고의 음식으로 알려져 있다. 개인적으로 어떤 회보다 좋아하는 회가 바로 민어이다.

무안의 세발낙지는 갯벌의 풍부한 게르마늄 성분으로 인해 어디보다 월등한 맛을 지닌 스테미너 식품이다. 영광 굴비는 법성포 앞 칠산바다 의 4~5월경 곡우사리(4월 하순의 비가 내릴 때 잡힌 조기) 때의 산란 직전 조기 가 최고이다. 기타의 자세한 정보는 시군 홈페이지에서 제공한다.

## 남도의 음식과 특산물

| 지역 | 특산물 | 지역 | 특산물 |
| --- | --- | --- | --- |
| 광주 | 한정식, 오리탕 | 광주 | 떡갈비, 김치, 보리밥 |
| 화순 | 흑두부 전골, 검정콩 | 함평 | 천지 한우, 나비쌀 |
| 담양 | 대통밥, 한과, 엿 | 신안 | 천일염, 홍어 |
| 곡성 | 섬진강 참게탕, 사과 | 목포 | 민어 |
| 순천 | 장뚱어, 고들빼기 | 영암 | 무화과, 갈낙탕 |
| 장흥 | 한우, 키조개, 버섯 | 무안 | 세발낙지, 양파 |
| 해남 | 해물탕 | 강진 | 한정식, 파프리카 |
| 장성 | 메기탕 | 영광 | 영광 굴비, 모싯잎 떡 |
| 보성 | 녹차, 꼬막 정식 | 구례 | 산나물 정식, 산수유 |
| 진도 | 간재미회 무침 | 나주 | 나주 곰탕, 나주 배 |
| 여수 | 서대회 무침, 돌산갓 | 완도 | 전복, 미역, 다시마 |
| 고흥 | 유자, 석류 | 광양 | 매실, 광양 불고기 |

# 04  명품 술, 전통주

술은 음식문화와 전통을 상징하며 부가가치가 높아 수출상품으로도 유망하다. 또한 국가의 홍보와 위상 강화에도 한몫하고 있다. 프랑스 포도주, 영국 위스키, 일본 사케, 러시아 보드카, 중국 마오타이주 등 강대국들의 술이 세계 시장에서 호평을 받고 있다. 한국의 전통 술도 충분한 가능성을 가지고 있다. 전통술은 쌀, 밀은 물론, 조, 옥수수, 고구마 등의 농산물 재료와 누룩으로 빚은 건강 발효식품이기도 하다. 호남 지역은 풍부한 친환경 유기 농산물로 빚어내는 전통술의 최적지라고 할 수 있다. 예로부터 손님에게는 집에서 빚어낸 가양주(家釀酒)를 대접해왔고 중요한 행사나 의식, 서민생활에서도 술이 함께했다. 고을마다 특산물을 이용하여 맛과 향이 다른 술을 자랑하고 전통을 이어가는 명인이 직접 빚어냄으로써 지역의 전통과 문화에 대한 자부심을 표현하기도 한다.

남도에는 국내외적으로 알려진 다수의 명품주(名品酒)가 있다. 강진 병영 주조장의 김견식 대표가 57년 전통술 제조 경력으로 빚어낸 설성사또주는 2013년 영국과 미국에서 열린 주류 품평회에서 은상 및 최고 은상을 받았다. 담양 타미앙스, 광양 백운복분자주, 장흥 안양동동주, 함평 천지향복분자술, 진도 홍주, 광주 울금주 등도 국내외 술 품평회에서 명품주로 인정받았다. 조선의 양반에게 인기가 좋았던 강하주, 장성의 사미인주, 담양의 대대포막걸리 등도 명성이 높은 술이다.

## 국내외 품평회에서 수상한 남도의 명주

| 제품명 | 지역 | 도수 | 특징 |
|---|---|---|---|
| 청세주(약주) | 강진 | 18 | 오가피, 구기자 |
| 설성동동주 | 강진 | 6 | 햅쌀 생막걸리 |
| 병영사또주 | 강진 | 40 | 약재, 세계 품평회 수상 |
| 금세기생막걸리 | 고흥 | 6 | 정부 품질인증 |
| 매실살균막걸리 | 광양 | 7 | 광양매실, 저온발효 |
| 자연 뽕 | 광양 | 13 | 오디열매 |
| 울금주 | 광주 | 6 | 울금 |
| 타미앙스(추성주) | 담양 | 15 | 증류주, 10가지 한약재 |
| 대대포, 죽향 | 담양 | 6 | 천연 토종꿀, 생막걸리 |
| 친구사이생막걸리 | 순천 | 6% | 자일리톨 첨가 |
| 나누우리생막걸리 | 순천 | 6 | 햅쌀 |
| 녹차주(약주) | 순천 | 16 | 녹차, 주조특허 |
| 보리향탁주 | 영광 | 6 | 영광산 보리쌀 생막걸리 |
| 안양동동주 | 장흥 | 6 | 표고버섯누룩 생막걸리 |
| 홍주아라리 | 진도 | 35 | 지초, 리큐르 |
| 홍주 | 진도 | 38 | 지초, 증류주 |
| 자희향국화주 | 함평 | 15 | 국화향 |
| 천지향복분자 | 함평 | 15 | 친환경 복분자 |
| 옥천쌀생막걸리 | 해남 | 6 | 최고 등급의 쌀 |
| 진양주(약주) | 해남 | 16 | 전남 무형 문화재 |

# 05 슬로우 라이프

　남도를 다녀보면 어느 곳이든 좋다. 구경하기도 좋지만 머무르기도 좋고 살기도 좋다. 그래서 사람들이 남도의 산수가 수려한 풍경을 찾아 머물러 살 곳을 정하기도 한다. 느림의 삶이 확산되는 분위기에서 남도의 창평 삼지천, 완도, 청산도, 증도, 장흥 유치면이 2007년 슬로우 시티로 지정되었다.

> 슬로우 시티는 1999년 인구 1만 4천 명에 불과한 이태리의 한 소도시에서 전통 보존, 지역민 중심, 생태주의의 철학으로 '느리게 살자'에서 비롯되었다.

　그만큼 여유로운 삶이 가능한 지역이라는 의미이다. 남도는 다양한 거주 여건을 제공하고 있는데, 휴양을 목적으로 하든 도시의 편리함과 전원의 안락함을 동시에 추구하든 거주지로서 손색이 없는 지역이다.

　남도의 곳곳 아름다운 마을마다 자연과 조화로운 한옥이 들어서고 있다. 전체 2만여 가구의 한옥이 있는데 계속 늘어나고 있다. 더욱이 전남은 135개의 행복마을 조성 프로젝트를 통해 1850동의 한옥 건립을 지원하고 있다. 한옥마을의 기반 조성에 3억 원을 지원하며 개별 가옥에는 2~3천만 원의 건립비와 수선비를 지원할 정도이다. 한옥뿐만 아니라 각 지역에 이주하는 외지의 사람들이 20명을 그룹으로 이전해 오는 경우 저렴한 토지 구입을 알선하고 지자체는 토지 기반과 상하수도, 마을공원까지 조성해준다.

남도는 전국 제일의 음식문화를 지니고 있다. 가는 곳마다 시·서·화·창(詩書畵唱) 등 문화가 살아 숨 쉬고 기온이 따뜻하고 일조량이 풍부해 골프, 승마, 요트 등 각종 레저 활동도 연중 가능하다. 전국의 절반을 차지하는 6000㎞의 리아스식 해안과 2000여 개의 섬, 넓은 해변과 순천만을 비롯한 갯벌은 세계의 자산이라 할 만하다.

생활비는 물론이고 땅값도 전국에서 제일 싸다. 이처럼 전남은 천혜의 자연환경이 잘 보존되어 있고 공장 지대가 적어 사람들이 적은 비용으로 행복한 삶을 누릴 수 있는 최적지이다. 국민소득이 올라가고 핵가족 시대가 정착되면서 노후의 편안한 삶을 유지하려는 사람들이 늘고 있다. 전남도는 이 프로젝트를 시작으로 도내 46개 은퇴 도시를 개발하고 있다. 각 시군에서는 귀촌하는 사람을 위한 거주지 조성이 한창이다.

# 06 계절의 축제

    남도에서는 봄꽃에서 가을꽃까지 형형색색의 화사함에 눈이 부시고, 어디서나 자연경관과 음식이 함께하는 축제를 만끽할 수 있다. 갈수록 전국에서 찾아오는 발길이 늘고 있는데, 여행계획을 세울 때 봄이나 가을의 축제와 연계하면 남도를 더욱 즐길 수 있을 것이다.

남도는 연중 축제를 즐길 수 있다

# 남도의 계절별 축제

| 월 | 축제 명 | 월 | 축제 명 |
|---|---|---|---|
| 3월 | 광양 국제 매화문화 축제 | 6월 | 영광 법성포 단오제 굴비축제 |
| | 구례산 수유꽃 축제 | | 정남진장흥물 축제 |
| 4월 | 청산도 슬로우 걷기 축제 | 7월 | 강진 청자 축제 |
| | 영암 왕인문화 축제 | | 영광 갯벌 축제 |
| | 목포 유달산 꽃축제 | | 무안 연꽃 축제 |
| | 고흥 우주항공 축제 | | 여수 국제청소년 축제 |
| | 신안 튤립 축제 | 8월 | 목포 해양문화 축제 |
| | 진도 신비의 바닷길 축제 | 9월 | 영광 불갑산 상사화 축제 |
| | 함평 나비 대축제 | | 2013 명량대첩 축제 |
| 5월 | 섬진강 기차마을 대축제 | 10월 | 곡성 심청 효문화 대축제 |
| | 나주 홍어 축제 | | 구례 동편제 소리 축제 |
| | 완도 장보고 축제 | | 보성 서편제 소리 축제 |
| | 여수 거북선 축제 | | 장성 백양단풍 축제 |
| | 담양 대나무 축제 | | 남도 음식문화 큰잔치 |
| | 순천 낙안 민속문화 축제 | | 순천만 갈대 축제 |
| | 보성 다향제녹차 대축제 | | 영암 왕인국화 축제 |
| | 화순 힐링푸드 페스티벌 | 11월 | 함평 대한민국 국향대전 |
| | 고흥 녹동바다 불꽃 축제 | | 구례 지리산 피아골 단풍제 |
| | 곡성 세계장미 축제 | 12월 | 보성차밭 빛축제 |
| | 장성 홍길동 축제 | | |

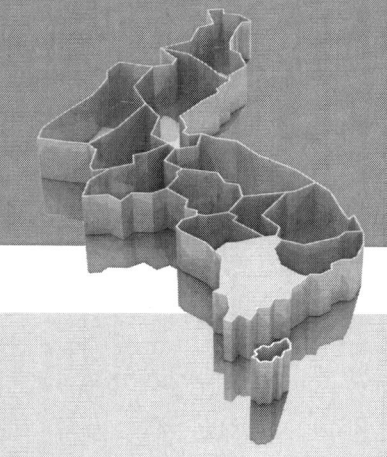

# IV

## 글로벌을 향하여

# 01 장보고의 길을 가자

주말 개그프로에 '황해'라는 코너가 있다. 한국말만 잘하면 한탕해서 돈을 벌 수 있다는 외국인들의 순진(?)한 통신 사기의 모습을 코믹하게 다루고 있다. 우습게 묘사해서 그렇지 '외국말만 잘하면 그만큼 경쟁력이 있다'는 것을 시사하고 있다. 개인이든 조직이든 해외로 진출하고자 해도 외국어를 못 한다면 그만큼 기회를 얻기가 힘들어진다.

우리나라는 수출의존 경제구조를 가지고 있어 내수시장 부진을 수출이 받쳐주고 있다. 지난해 총교역량이 1조 700억 달러에 285억 달러의 흑자를 기록했고, 금년 상반기는 196달러의 경상수지 흑자를 보였다. 그러나 휴대전화, 반도체 등 정보통신 분야의 흑자가 420억 달러로 일부 품목과 소수 대기업 의존도가 지나치게 높다. 이들의 수출 부진 시에는 어떻게 할 것인가? 이는 중소기업의 수출 촉진이 필요함을 의미한다.

최근 광주전남의 7개 중소기업이 참여한 해외시장 개척단을 이끌고 터키와 우즈베키스탄을 다녀왔다. 이 과정에서 몇 가지 느낀 점은 첫째, 다양한 제품의 수출, 둘째, 신흥시장의 개척, 셋째, 품목과 지역에 맞는 수출 인력이 시급하다는 점이다.

이번에 방문한 터키는 인구 8000만 명에 국토 면적은 한반도의 4배 가까이 된다. 일인당 GDP는 1만 달러를 넘어서 향후 성장 가능성이 높은 나라이다. 우즈베키스탄은 3000만 명의 인구와 한반도 2배의 면적을 가지고 있다. 이들은 한국에 대해 우호적이고 한국과의 교역이 증가하고 있으며, 우리의 앞선 제품 기술과 건설, 정보통신은 물론 공산품의 진출이 확대될 전망이다. 또한 금년도 경제성장률 전망치는 우리나라의 2~3배에 이르며, 제조업 비중이 22~37%대로 한국의 제조업 분야 수출이 증대될 것으로 보인다. 교민이나 유학생도 증가 추세에 있다. 따라서 이들은 우리나라의 상품이나 서비스를 진출시키기에 적합한 국가들이며, 사전에 공(功)을 들여 좋은 관계를 유지하면 중장기적으로 커다란 성과가 기대된다. 이번 방문에서 현지 바이어들은 우리나라가 강점을 지니고 있는 모바일 게임, 패션 잡화, 산업기계 등에 큰 관심을 보였으며 현지 백화점 입점과 1700만 달러의 수출 협의를 이끌어냈다.

하지만 아쉬운 점은 두 나라 1억 1000만 명의 인구에도 불구하고 거주 교민은 각각 2000여 명에 불과하며 교역 기반이 미흡한 편이었다. 현지 통역 요원도 충분치가 않았는데, 통역과 더불어 유통 채널에 관련된 전문가가 절실히 필요하다고 느꼈다. 다행히도 두 나라 무역관에 한국 대학생 인턴들이 현지 무역실무를 습득하고 있었으며, 현지의 한국인 젊은이들도 소수 활동하고 있었다. 우즈베키스탄의 경우는 공무원이나 교수의 월급이 25만 원 정도 한다는데 통역의 하루 일당이 10만 원 수준이다. 그만큼 외국어 잘하는 인력의 가치가 높다는 말이다. 우리나라의 외국어 잘하는 젊은이들이 해외에서 그런 일을 하면 좋겠다고 생각했다.

국내 대기업이나 공무원 시험에 매달리지 말고 눈을 바깥으로 돌려야 할 당위성이 여기에 있다. 어디 이 두 나라뿐이겠는가.

젊은 패기로 특정 국가의 전문가가 되면 어떨까? 정부에서는 지자체와 민간 기관을 통해 다양한 해외진출 인력을 양성하고 있다. 해외 무역관 인턴 과정, 대학생 FTA 캠프, 청년 무역 사관학교, 대학생 무역 홍보대사, 무역 캠프, 근로자 무역 실무교육 등 다양한 프로그램을 통해 관련 지식과 경험을 쌓을 수 있는 기회를 제공한다. 또한 중소기업으로 구성된 무역 촉진단을 파견하고 있는데 해외 전시회, 시장 개척단, 수출 컨소시엄의 형태로 지원하고 있다. 그 어느 때보다 기회는 많아졌다. 어느 대기업 총수가 『세계는 넓고 할 일은 많다』라는 책에서 젊은이들이 해외로 나갈 것을 권했다. 9세기 무역시장을 개척한 장보고와 같이 단단한 각오와 실천 의지를 가진 젊은이에게는 세계의 문이 활짝 열려 있다.

장보고의 기상으로 해외시장을 개척해야

## 크게 보자, 밖을 보자

영국 탐험가들이 말레이시아의 추장을 싱가포르에 데리고 갔다. 도시의 높은 건물과 커다란 배, 붐비는 시내거리를 보여줬다. 그리고 무엇에 가장 관심을 갖는지 살펴보았더니 바나나를 실은 작은 손수레를 유심히 보고 있었다. 결국 자신이 속한 익숙한 것들에서 벗어나 좋은 것을 찾아 활용하기가 쉽지 않다는 것이다. 보다 넓은 세상을 보아야 더 큰 뜻을 품게 되는 법이고, 다양한 지식과 환경을 접해야 유연하고 큰 목표를 달성하려 한다는 것이다. 우리는 역사적으로 크게 멀리 보고 일했으며 그간 선진국을 벤치마킹하면서 성장했다.

1893년 미국 시카고에서 만국박람회가 열렸다. 우리나라도 내세울 상품이 별로 없었지만 참가했다. 고종은 스스로를 대한제국의 황제라 칭하며 일본, 러시아는 물론 청나라, 미국, 영국, 프랑스 등의 틈바구니에서 국제적 위상을 높이려 안간힘을 다하던 시대라 박람회 참가는 남다른 의미가 있었다. 그러나 행사장의 모습은 참담했다. 미국 『뉴욕헤럴드』의 한 기자는 대한제국 전시관에 대한 평가를 "고종이 싸구려 폐품만 보내오다."라고 했을 정도였다. 자동차, 전기제품은 물론 기관차까지 등장한 박람회에 우리는 고작 자수 병풍, 짚신, 가죽신발, 장기판, 도자기 등을 보냈다. 관람객들은 대한제국 전시관에 소품은 있는데 정작 출품한 상품이 없다고 생각했을 것이다. 그로부터 7년 후의 파리 만국박람회에는 참가하지 못했다.

당시 대한제국에는 제조업체가 존재하지 않았으며 1899년에야 생겼다. 국제박람회에서 겪은 좌절과 미국에서 전깃불을 보고 도깨비불이라며 놀랐던 『서유견문록』의 저자 유길준이 돌아온 이후 서양 문물의 습득은 빠르게 진행되었다.

1904년까지 공장은 222개로 늘어났고 1930년에 이르러서는 4000개를 넘어섰다. 제2차 세계대전과 한국전쟁을 거치면서 주춤하던 우리의 기업은 1970년대에 비약적으로 증가했다. 이제 세계적인 기업을 비롯해 제조업체만도 33만 개에 이르렀다. 세계에서 1위를 차지하는 품목이 50여 개가 넘으며 무역 규모가 1조 달러를 돌파했다. 유엔 사무총장과 세계은행 총재까지 한국 사람이 맡게 되었다. 국민소득도 2만 달러를 넘어섰고 G20의 회원국이기도 하다.

하지만 우리 경제가 그리 밝지만은 않다. 국가는 물론 개인 채무가 한계에 이르렀다. 고령화의 진전에도 조기 퇴직자의 일자리 문제가 심각하며 청년실업도 8%대에 이른다. 선진국 문턱에서 저성장의 함정에 빠지고 말았으며, 인도나 중국의 높은 성장률은 먼 나라 일이 되었다.

그런데 고졸자의 85% 이상이 대학을 가고 졸업해도 40%가 일자리를 구하지 못한다. 젊은이 400만 명이 대학생과 군인으로서 근로에서 제외되어 있다. 60만 명의 외국인이 국내에서 일하며 본국으로 송금하고 있다. 그럼에도 기업은 인력난을 호소하고 있다.

이제 과거를 되짚어 고종이 보잘것없는 상품을 만국박람회에 보냈던 심정으로 돌아가야 한다. 우리가 말레이시아나 태국 등을 제치고 오늘을 이룬 것이 피눈물 나는 노력과 지혜의 결과였다면, 지금쯤 땀이라도 다시 흘려야 한다. 언제부터인가 우리 사회에는 생산보다 소비가, 일하기보다 적당히 노는 풍토가 만연하고 있다. 기업가 정신이란 바로 고종의 폐품이라도 가지고 나갔던 용기이며, 장보고의 무엇이든 나가 팔았던 개척정신이 아닐까 싶다. 일자리와 경제 활력을 되찾기 위하 기업하기 좋은 지역을 넘어 '기업이 사랑받는 광주전남'을 만들 수 있도록 지혜를 모아야 하겠다.

# 중국에 답이 있다

    중국을 바라본다. 사람도 많고 땅도 넓은 나라다. 지도를 봐도 한눈에 들어오지 않을 정도이다. 2000년 여름 태국에서 개최된 국제적인 투자 행사에 참석한 적이 있었다. 그때 미국의 저명한 경제 전문가의 특강이 있었는데 내용이 인상적이었다. 요약하자면 "앞으로 중국 경제는 거대한 열차처럼 앞으로 나갈 것이다. 가장 혜택을 받는 나라는 한국이다. 그런데 한국 사람들은 중국과 경쟁할 궁리만 하고 있다. 안타까운 일이다."라고 했다. 그는 중국의 먹는 물과 금(金) 소비시장만도 엄청난 규모가 될 것이라고 덧붙였다. 그 후 13년의 시간이 흘렀다. 이제는 양국이 어떻게 하면 상호 교역을 늘려갈지가 관심이 되고 있다.

중국이 기회이다

중국은 세계 인구의 20%, 13.5억 명의 인구 대국이다. 거기다 갈수록 경제 위상이 높아지고 있다. 세계 1위의 무역대국의 위상은 지속될 것이며, 외환 보유고는 무려 3조 2851억 달러(2013. 6)에 달해 세계 금융시장에 대한 영향력도 지대하다. 2위인 일본(1.3조 달러), 3위인 러시아(0.5조 달러)와도 비교되지 않는다. 우리는 중국과의 무역에서 최대의 흑자를 보는 나라다. 무역뿐만 아니라 인적 교류도 날로 증가하고 있다. 우리나라의 대학마다 수백 수천 명의 중국인 유학생이 공부를 하고 있는데 그 수가 4~5만 명 수준이다. 연간 관광객은 400만 명이 넘는다고 한다. 중국에 머무는 한국인도 40만 명에 이르며 유학생도 6만 명이 넘는다.

중국으로의 수출 확대와 중국 자본 유치는 각 지방자치 단체의 가장 큰 현안이다. 광주전남의 2013년 3분기 대 중국 수출은 전년 대비 70%나 증가했고 연말까지 추세가 이어질 전망이다. 광주는 반도체와 IT, 자동차 관련 제품 등 수출이 증가하고 있고, 전남은 석유제품, 화공품, 철강제품 등으로 전체 수출의 28.3%를 중국으로 수출하고 있다. 중국인의 소득 수준이 높아지면서 농수산물 수요도 급증하고 있다. 중국의 식품 수입은 2008년 222억 달러에서 2012년 921억 달러로 급증했다. 한국 식품은 80억 달러를 차지했지만 매년 20% 이상 증가할 전망이다. 해삼의 경우 중국 수요는 120만 톤이나 자국 생산은 25만 톤에 불과하다. 그래서 중국은 진도에 1200억 원을 투자해 양식장을 만들고 생산물을 전량 수입해가는 프로젝트를 진행하고 있다. 여러 품목에서 중국과 일본의 수요를 감당하지 못하는 현상도 나타나고 있다.

가장 중요한 분야는 관광이다. 일본인은 부산경남으로, 중국인은 서울 제주로 가고 있다. 광주전남은 항만이나 공항이 잘되어 있고 중국과 가까워 유리하다. 특히 풍부한 관광지, 친환경 식품, 우수한 교육 환경과 첨단산업을 갖추고 있다. 앞으로 어떠한 전략으로 중국 관광객을 유치하는가에 관광 미래가 달려 있다. 우선 광주와 전남이 역할을 구분하여 교통과 숙박, 문화, 자연 경관과 먹을거리의 연계 관광이 이루어져야 한다. 풍부한 관광자원에도 불구하고 산만하게 느껴지지 않도록 통합적인 대규모 관광지로서의 인식을 심어주어야 한다. 제주도처럼 통일된 이미지를 부각시켜야 한다.

　하지만 중국 시장이 아무리 크고 지역 여건이 좋다 해도 "구슬이 서 말이라도 꿰어야 보배"라는 말처럼 성과를 만들어내는 게 중요하다. 어떻게 그들의 요구에 맞는 제품이나 서비스로 진출할 것인지, 찾아오는 중국인들이 다시 오고 싶게 하려면 무엇을 갖추어야 하는지를 고민해보아야 한다. 중국인의 눈과 입을 즐겁게 하고, 몸과 마음을 편하게 해주어야 한다. 우선 친절하고 깨끗한 환경을 만들고, 친절하고 여유로운 자세로 그들을 맞아야 한다. 좋은 상품과 서비스보다 더 중요한 것이 신뢰와 믿음이라는 점도 강조되어야 한다. 이유는 광주전남뿐만 아니라 17개 지방자치 단체, 나아가 전 세계가 중국을 바라보며 경쟁하고 있기 때문이다. 중국을 보자. 여기에 남도의 미래가 걸려 있다.

# 03 히든 챔피언

어떤 중소기업을 지원할것인가? 무려 300만 개의 사업체가 있으니 말
이다. 답은 간단하다. 성숙기 업종의 기업은 새로운 아이템 개발이나 업
종 전환 등을 유도하고, 소상공인은 생계가 곤란하여 복지 계층으로 추
락하지 않고 현업을 유지하도록 지원하는 것이다. 그러나 경제성장의 새
로운 동력원을 찾으려면 유망 기업을 지원해야 한다. 성장 기업의 기준
은 기술력, 글로벌 시장 진출, 고용과 부가가치의 창출 능력이다. 이러한
기준에 부합하는 기업이 바로 '글로벌 강소기업'이다. 수출 확대, 고용과
부가가치 창출의 역할이 이들에게 있다.

지난달부터 매주 목요일마다 글로벌 강소기업을 방문하고 있다. 훌륭
한 기업들을 접하고 있다. 광통신 분야에서 100% 독보적 기술로 무장한
㈜ 피피아이는 교수창업 10여 년 만에 130여 명의 고용 창출과 200억 원
대의 매출(1000만 달러 수출)을 기록했다. 콘택트렌즈에서 세계적 기업과 시
장 쟁탈전을 벌이고 있는 뉴 바이오(주)는 17건의 특허 등 지재권을 바탕
으로 최근 5년간 200%의 매출 신장률과 300%의 수출 신장률을 보이며
성장하고 있다. 또한 신성메이저글로브(주)는 최고급의 산업용 장갑으
로 매출의 80%를 유럽 등에 수출하고 있다. 작은 규모로서 높은 기술력

과 잠재 시장을 가지고 성장하는 기업들이다. 광주전남에는 1000억 원 이상의 매출을 올리는 회사가 10개다. 광주에 6개 전남에 4개인데, 이는 전국 381개의 2.6%에 불과해 기업수비율의 절반 수준으로 기업 규모가 작다는 의미다. 이 중 대부분은 철강이나 가전제품 등 삼성이나 광양제철, 기아자동차와 관련된 하청이나 연관 기업이 차지하고 있다.

이제는 글로벌 강소기업을 발굴하여 집중적이고 전략적으로 육성해야 한다. 이들이 바로 창조경제의 원동력이기 때문이다. 정부는 창조경제의 구현을 국정과제로 삼고 있으며, 새로운 정부의 조직개편에서는 미래창조과학부를 신설했다. 정부는 물론 경제계도 활발한 움직임이 벌어지고 있다. 전경련은 창조경제특별위원회를 설치하고 각 언론과 학계에서도 창조경제에 대한 분석과 전망으로 분주하다. 이러한 움직임의 기저에는 창조경제가 경제 영역은 물론 사회 전반에 활기를 불어넣는 동력이 될 수 있다는 생각이 깔려 있다. 수년 전부터 선진 각국은 성숙 산업에 의존한 경제성장에 한계가 있음을 인지하고 새로운 산업을 모색해왔다. 그 대표적인 키워드(keyword)가 바로 창조경제이다. 창조경제는 새로운 기술과 아이디어가 시장에서 상품이나 서비스로 나타나도록 하고 이를 확대하는 것이다. 영국의 경영 전략가 존 호킨스(John Howkins)는 창조경제(The creative economy)의 개념을 주창하며 창의력으로 산업에 활력을 불어넣어야 한다고 했다. 제로섬(zero sum) 게임에서 벗어나 무한한 창조의 세계에서 새로운 가치를 찾자는 것이다.

창조경제를 실현하기 위해 우선 강소기업을 적극적으로 발굴·육성하

자. 글로벌 강소기업은 블루오션 전략이나 기술혁신 이론에 부응하는 기업군이다. 과거 우리는 선진국의 산업을 모방하면 되었다. 하지만 그러한 모방산업은 더 이상 우리에게 새로운 기회를 주지 않는다. 우리나라 500대 대기업의 금년도 채용 인원이 1만 9천여 명으로 작년보다 7.5%가 줄었다. 상장 기업의 50% 정도가 적자를 보이거나 영업실적이 악화되었다. 대기업의 상당수는 규모의 경제를 실현하며 역할을 하고 있지만, 모방경제의 산물이며 고용창출이나 경제성장에 기여하는 데 한계를 보이고 있다. 그래서 새로운 산업을 모색하고 새로운 기업을 키워야 한다. 그러기 위해서는 창조적 인재와 기업을 통해 강소기업-강소기업군-신산업-창조경제의 발전단계를 추구하는 전략이 필요하다.

창조경제를 어떻게 이룰 것인가? 답은 강소기업이다. 그것도 국제시장에서 경쟁하며 성장할 수 있는 외부 지향(outbound)의 글로벌 강소기업이 정답이다. 정부와 지자체, 그리고 대학과 연구소 등이 힘을 합쳐 이들이 세계적 기업으로 성장하도록 과감하게 규제를 해소하고 실효성 있는 지원을 펴야 하겠다.


## 기업에도 개성이 있다


어떤 기업이 성공할까? 사람이든 기업이든 성공하는 데는 그만한 이유가 있다. 30여 년간 공무원 생활을 하면서 대부분의 시간을 중소기업을 방문하고 경영자를 만나고 기업을 진단하고 평가하고, 그러한 활동을 바탕으로 정책을 만드는 데 보냈다. 성공하는 기업이나 기업가를 관찰하는 것은 즐거운 일이 아닐 수 없다. 성공의 이유는 수백 수천 가지나 된다고 한다. 그래서 성공하려면 꼭 이래야 한다는 황금률이 있지는 않다. 각자의 개성을 살려 남보다 두드러진 상품이나 서비스를 보이고 경영의 노하우를 가지고 있으면 된다. 즉 성공은 핵심 역량(core competence)을 갖추고 있으면서 특별히 낙제점의 하자가 없으면 이룰 수 있다.

현장을 다니다 보면 회사마다 각기 개성이 돋보인다. 그러나 성공한 기업은 남과 다른 자원을 보유하고 있거나 제품이 독특하거나, 주변의 변화에 잘 대응하거나 뭔가 강점을 가지고 있다. 그러나 가장 중요한 요인은 최고 경영자의 역할이다. 기업이 잘되고 안 되고 종업원이 잘하고 못하고는 결국 최고 의사 결정권자인 사장의 몫이다. 특히 중소기업은 경영자의 역할이 절대적이다. 현장을 다니면서 느낀 성장하는 기업의 특징을 다섯 가지로 구별해보았다.

첫째, 오래 버티며 때를 기다린다. 열정과 스토리가 있는 경영자로는 광양 다압면에 있는 청매실농원의 대표이신 홍쌍리 여사를 빼놓을 수 없다. 홍 여사는 열정 CEO로서 두 권의 책을 출간하기로 했다. 두 번의 방문에서 나눈 대화는 내내 자신의 외로움과 삼켜가며 기업을 일군 이야기로 시간 가는 줄 몰랐다. 그녀가 오늘날 매실 제품의 사업화에 성공한 것은 50년 이상을 버티며 한 가지에 집중했던 끈기 때문이다.

화순에 소재한 (주)라벨리는 빙과류 생산업체로서 37년의 역사를 지닌 장수 기업이다. 55명의 종업원으로 200억 원대의 매출을 올리고 있는 이 회사는 주로 대형 유통업체에 납품함과 동시에 자사 브랜드 제품을 군납하거나 일반 시장에 내보내고 있다.

1970년대 우리나라에는 약 2450여 개의 크고 작은 빙과류 생산업체가 있었으나 최근에는 손가락으로 꼽을 정도만 남고 모두 사라졌다. 현장을 둘러보기 위해 생산 공장에 들어서니 정면 벽에 "아주 작은 것을 고치면 큰 변화를 가져온다. 고치냐 안 고치냐가 그 회사 운명을 좌우한다."라고 쓰여 있었다. 변화에서 살아남으려면 꾸준히 변해야 오래간다는 좋은 교훈을 얻고 회사 문을 나섰다.

둘째, 환경이나 제도를 활용한다. 광주의 (주)바이오스타는 2013년부터 음식물 찌꺼기의 해양 배출이 금지되는 점을 감안하여 전남대와 함께 소멸 식 음식물 처리기의 기술을 개발했다. 이제 연간 2만 5천대를 일본에 수출하고 있다.

(주)나눔테크를 방문했다. 심장 제세동기, 즉 심장마비가 일어나면 충격을 주는 장치와 골밀도 측정기 등을 생산한다. 28명의 직원이 있었는데 젊고 활기찬 느낌이었다. 금년부터 공공건물 등에서는 심폐소생을 위한 응급 장비를 의무 구매하기로 법제화되어 있어 앞으로의 전망이 더욱 밝아질 것이다.

정명하이테크는 연잎 프라이팬을 개발하는 기업으로서 중소기업청의 연구자금 1.7억 원을 지원받아 대학과의 공동연구로 개발에 성공했다. 또한 종업원에게 새로운 사업을 하도록 기계 2대와 일감을 주어 창업을 지원하는 독특한 경영을 하며, 현재 4호까지 진행했다.

셋째, 새로운 것을 추구한다. DK산업 김보곤 회장은 1000억 원이 넘는 매출을 자랑하지만, 대기업 납품에 만족하지 않고 꾸준한 기술개발 끝에 독자 제품인 가정용 제습기를 상품화했다. 현재보다는 미래를 위해 새로운 먹을거리를 마련하고 있는 것이다. 새로운 준비에 박차를 가하는 기업으로는 지금강(주)이 있다. 근적외선 히터를 비롯하여 가전 및 자동차 부품을 생산하는 중견기업이다. 김식 회장은 대단한 기업가적 감각을 가지고 있을 뿐만 아니라 전략과 관리까지 두루 살펴보는 대관소찰(大觀小察, 크게 보고 작은 것도 살핀다)의 경영을 하고 있었다. 특히 중소기업의 수명을 5년 정도로 보고, 기존 사업을 대체할 아이템을 모색해야 한다는 주장에 공감이 갔다. 이 회사 곳곳에 붙어 있는 "변해야 산다"는 구호가 눈에 들어왔다.

넷째, 마케팅을 중시한다. 담양의 (주)조은데코를 방문했다. 이 회사는 남편은 제품개발과 생산, 부인은 마케팅 부분을 독립적인 회사로 운영하고 있었다. 독립적이면서도 책임감을 갖고 서로의 일을 소신껏 추진함으로로 장점이 많아 보였다.

순천의 한솔영농조합법인은 한국의 100대 스타 팜(Star Farm)으로 선정된 식품 제조업체이다. 전통 장류·두부·콩나물 등을 제조하는 회사로 폐교를 활용하여 두부 만들기, 콩비지를 이용한 쿠키 만들기 등 다양한 체험 프로그램을 운영하고 있다. 이 회사의 남다른 점은 '알콩 달콩 꾸러미'라는 회원제를 통해 매달 2천명 이상의 회원에게 우편으로 패키지

제품을 우편으로 발송하는 서비스를 하고 있다. 이를 통해 고정 고객을 확보하고 이들이 직접 회사를 방문하여 세미나, 숙박, 콩류 가공식품 제조의 체험을 할 수 있도록 네트워크를 구축하고 있다.

## 기업과 대학의 공생

중소기업 현장을 다니다 보면 두 가지 유형의 기업을 접하게 된다. 산학협력을 하는 기업과 하지 않는 기업이다. 기술이나 제품 경쟁력을 갖춘 업체는 '산학협력'을 잘하는 기업이다. 주변과의 네트워크를 통한 아웃소싱, 부족한 자원의 보완 등으로 협력에 따른 시너지 효과를 거두기 때문이다. 특히 산업 기반이 충분치 못한 남도 지역에서의 산학협력은 더욱 중요하다.

1980년대만 해도 우리나라에서 산학협력이란 말은 생소했다. 대학의 3대 기능이 교육, 연구 그리고 사회 기여임에도 사실상 산업계, 특히 중소기업과 연계된 역할은 미미했다. 대학과 대기업의 협력은 어느 정도 이루어졌지만 중소기업에게는 '강 건너 불'이었다. 그도 그럴 것이, 생산현장에서는 대학의 이론과 중소기업의 실무가 접점을 찾기 어려웠다. 교수님들이 현장에 나갈 일도 없었고, 나가더라도 의사소통이 어려웠다.

산업수준이 고도화되고 정부의 중소기업 지원이 강화되면서 산학교류가 활발해졌다. 우리나라의 대학이 선진국과 같은 실무 중심 연구로 전환한 것도 크게 기여했다. 현장을 중시하는 산학협력은 1899년 미국의 하버드 대학교와 1906년 신시내티 대학교에서 이루어졌는데, 학생들을 현장실습에 보내면서 시작되었다. 지금은 전 세계적으로 학생들의 현장학습이 보편화되었지만, 당시에는 획기적인 변화였다. 이는 다수의 기업이 기업에 맞는 인력을 필요로 한 데서 비롯된 것이다.

과거에는 소수의 대학 졸업생을 중심으로 대기업에 취직하는 게 일반적이었다. 그러나 성장경제에서 대기업, 소수산업에 집중되었던 산업인력은 사회가 복잡·다원화되면서 새로운 산업과 중소기업으로 전환되고 있다. 따라서 대학은 중소기업에 R&D 인력과 장비, 기술은 물론 유통, 디자인, 관리기술 등을 공급하는 원천이 되고 있다. 대학이 중소기업이 필요로 하는 산업적 인프라를 보완해주는 최적의 두뇌집단(Think Tank)으로서의 역할을 하게 된 것이다.

대학은 창업에도 큰 기여를 하고 있다. 전국에 있는 수백 개의 창업보육 센터를 통해 신생기업의 탄생과 성장을 지원하고 있다. 스크린 골프로 유명한 (주)골프존은 2000년 KAIST의 창업보육 센터에서 10여 명으로 출발한 초보 기업이었다. 설립 7년 만에 창업보육을 마치고, 그 후 3년 만에 매출 2000억 원에 450여 명의 직원을 거느리는 대기업으로 성장했다. 대학시설과 연구자원을 활용한 성공 사례이다. 이외에도 대학을 활용해 창업은 물론 특허 취득, 시장개척 등에 성공해 100억 원대의 매출로 성장한 기업이 수백 개에 이른다.

따라서 중소기업이 대학의 역량을 활용하도록 하는 것은 정부 중소기업 정책의 근간을 이루고 있다. 광주전남중소기업청은 지역의 18개 대학에 창업보육 센터를 비롯한 창업지원, 중소기업 현장 인력양성, 기술교육 등에 100억 원의 예산을 지원하고 있다. 교육부의 링크(LINK) 사업을 비롯한 4~5개 부처의 다양한 사업도 대학과 중소기업의 연계를 촉진하고 있다.

한편 중소기업은 대학 졸업자에게 가장 많은 일자리를 제공한다. 대기업이나 관공서에 취업하려는 젊은이들이 많기는 해도 졸업자 대부분은 중소기업에서 꿈을 키워야 한다. 따라서 각 대학은 졸업생의 중소기업 취업을 적극 권장하고 있으며, 산학 협력단과 창업 지원단을 설치하고, 나아가 중소기업과의 협력 시스템인 '가족회사'라는 네트워크를 결성하는 등 조직적이고 체계적인 노력을 하고 있다.

이러한 점에 더하여 보다 중요한 것은 중소기업이 대학 자원을 적극적으로 활용하는 것이다. 대학의 문턱을 높게 생각하여 소극적으로 기다리거나 망설이지 말고 '1사 1자문교수'를 도입하자. 또한 지역 내 연구기관을 활용하여 산학에서 산학연, 그리고 산학 연관이라는 융합적인 협력 노력을 하도록 해야 할 것이다.


## 기업마당을 아십니까?


기업은 업종이나 규모와 관계없이 제품의 연구개발, 생산설비와 원자재의 확보, 인력고용과 관리, 판매 및 수출, 세무, 회계, 환경이나 안전 요건의 충족, 노사문제 등 너무나도 많은 기능을 동시에 수행해야 한다. 그럼에도 어느 하나 충분히 갖추고 사업을 하기란 어렵다. 더욱이 대부분의 중소기업은 자원이 부족하여 늘 자금이나 판로를 찾아 동분서주해야 한다. 이러한 중소기업을 지원하기 위해 중소기업청과 다수의 기관들이 존재하고 있다. 무려 14개 정부 부처와 17개의 지방자치 단체에서 1303개의 사업을 지원하고 있다. 예산도 13조 원에 이른다. 하지만 기관마다 경쟁적으로 사업을 하므로 비슷비슷한 사업도 있고 그 종류도 많아서, 어디에서 어떤 사업을 신청해야 할지 혼란스럽다는 게 중소기업인의 불만이다.

심지어 '정부지원 시책을 쇼핑한다'고 할 정도이다. 백화점의 상품처럼 많다는 의미다. 특히 중소기업이 정부지원 사업에 참여하려면 서류 준비도 어려울 뿐만 아니라 일일이 지원 기관을 방문하는 것도 시간과 노력 면에서 큰 부담이 아닐 수 없다. 설령 방문할 여유가 있다 해도 한 기관에서 해결하기 어려운 것이 많아 2~3개의 기관을 방문하다 보면 하루 일정으로도 모자란다는 게 기업인들의 하소연이다. 정보화 시대에 인터넷으로 하면 되는데 왜 그러느냐는 질문을 던지기도 한다. 하지만 각 기관의 홈페이지에서 원하는 사업을 찾기도 어렵다.

이러한 중소기업이나 소상공인, 창업자의 정보 획득의 어려움을 해소하기 위해 만든 게 바로 인터넷 포털인 '기업마당(bizinfo.go.kr)'이다.

'기업마당'에는 온갖 정보가 가득하다.

또한 단 한 통의 전화로 기업지원이나 경영에 대한 답변과 안내를 해주는 대표전화가 있는데 '국번 없이 1357번'이다.

기업마당에서는 중소기업청이 전국 400여 개 기관의 지원정보를 실시간으로 제공하며 중소기업과 관련한 세미나, 공청회, 전시회, 교육과정 등을 소개해준다. 또한 창업이나 벤처, 판로나 마케팅, 기술개발 자금과 같은 기업이 필요로 하는 지원제도를 편리하게 분류하여 검색할 수 있도록 구성되어 있다. 24시간 이내에 전문가를 통해 경영상의 궁금증을 상담해주기도 한다.

기업이 원하는 사업을 찾기 위해서 소재지, 기업 유형, 필요한 자금이나 사업을 입력하면 맞춤형으로 정보를 제공한다. 각 사업을 자세하고 구체적으로 활용할 수 있게 되어 있다. 예를 들면, 신청사업의 명칭과 지원대상이 제시되어 있으며 신청기한, 지원조건이나 절차도 안내되어 있다. 신청방법이나 제출해야 할 신청서 목록 그리고 신청서식도 제공된다. 심지어 사업 담당자의 이름이나 소속부서, 전화번호까지 나와 있어 정보 부족으로 인해 답답해하는 경우가 없도록 만들었다.

1357 상담센터는 각 분야의 전문가나 중소기업을 지원하는 기관의 담당자와도 직접 연결이 가능하므로 번거롭게 정보를 찾아 헤매는 수고를 덜어준다. 친절한 상담원들이 중소기업 지원시책의 안내는 물론 기관 소개나 애로 상담까지 해주고 있다. 전국 어디서나 국번 없이 '1357'만 누르면 된다.

얼마 전 한 기업단체에서 조사한 바에 따르면 비즈니스에서 가장 중요한 일은 네트워크의 구성과 정보의 활용이라고 한다. "구슬이 서 말이라도 꿰어야 보물"이라는 말처럼 주변에서 자신에게 필요한 자원이나 정보를 찾아 활용하는 데서 경쟁력이 생기는 법이다. 특히 중소기업은 '기업마당'이나 '1357'과 같은 종합적인 정보를 활용하는 게 중요하다. 이러한 정보는 지원사업의 참여를 유도함은 물론 최근 비즈니스의 트렌드나 정부의 정책 방향을 읽는 데도 매우 유익하다. 더구나 손 안에 있는 스마트폰으로 언제 어디서나 정보검색이 가능한 시대이니만큼 지금이라도 기업마당을 클릭하거나 1357로 전화를 해보자.

# 04  조직 시민행동

며칠 전 한 백화점에서 겪은 얘기다. 차를 세우기 위해 지하 주차장에 들어섰는데 빈 공간이 없어 결국 지하 4층까지 내려갔다. 차량들은 줄을 이었고 카트를 밀고 가는 고객들이 차량 사이를 오가는 등 산만한 분위기 그 자체였다. 그런데 통로 입구에는 한 청년이 멀거니 서 있었다. 어디로 가라고 손짓이라도 하면 좋으련만 이따금 스마트폰을 보며 서 있을 뿐이었다. 주차를 마치고 에스컬레이터를 오르는데 노인 한 분이 "멍하니 서서 뭐하는 거야. 저런 자세로는 시간당 3000원짜리 아르바이트도 어려워."라며 인상을 찌푸렸다. 노인분의 말씀에 공감하면서도 '아직 어리니까'라는 생각이 들었지만 백화점 측에 대한 실망을 감출 수 없었다.

쇼핑을 끝내고 나오는데 반전이 벌어졌다. 주차장은 한 쪽 차선을 막고 세워놓은 트럭 때문에 양쪽 길이 다 막혀 있었고 지하에서 나오는 차량까지 겹쳐 아수라장이 되었다. 이때 한 젊은이가 이리저리 호각을 불면서 뛰어 다녔다. 고객보다 더 다급한 마음으로 엉킨 차량을 풀기 시작했다. 30도가 넘는 더위에 땀을 뻘뻘 흘리며 큰길 입구까지 뛰어다니더니 결국 차량들이 원활히 빠져나갈 수 있게 해주었다. 지하 주차장의 청년과는 대조적인, 마치 영화에 나오는 카우보이처럼 멋진 해결사의 모습이었다.

앞으로 이 백화점이 어떻게 될지는 아무도 모른다. 입구에서 빈둥거린 청년을 방치해 '깨진 유리창의 법칙(law of broken glass)'처럼 하나의 잘못이 큰 문제로 불거질지, 주차장 출구의 청년과 같은 사람이 모여 좋은 이미지와 성과를 가져오는 긍정의 '나비효과(butterfly effect)'로 인해 발전하게 될지 지켜봐야 할 일이다. 작은 행동 하나가 백화점에 대한 상반된 이미지를 만든다. 두 청년을 조직에서 따로 지시하거나 규정을 두어 관리하지 않았지만 서로 다른 모습을 보인 것에 주목할 필요가 있다. 개인차이로만 볼 것이 아니란 얘기다.

'조직 시민행동(Organizational Citizenship Behave)'이라는 용어가 있다. 개인이 자신이 속한 공동체의 구성원으로서 본연의 직무가 아님에도 주변을 위해 자발적으로 하는 행동을 가리킨다. 해야 할 의무나 강제성이 없어 안 해도 불이익은 없다. 주민이 아파트 내 담배꽁초를 줍거나, 청소년을 계도하거나, 힘든 직장동료를 위로하거나, 단체 등산에서 오이나 생수를 가져와 나눠주거나, 판매사원이 아니어도 고객의 짐을 들어주는 등의 행동들이 바로 그것이다. 이는 다른 사람의 바람직한 행동을 유도하고 조직이나 사회에 대한 애정을 갖게 하며, 소속감이나 구성원으로서의 만족도를 향상시키는 효과가 있다.

조직이나 사회가 경쟁력을 갖고 발전하려면 조직 시민행동이 일상화돼야 한다. 사람들은 자신에게 주어진 테두리 안에서만 일하려 한다. 그러면 협력도 어렵고 시너지 효과도 얻기 어렵다. 선진국과 후진국의 국민이 다른 점은 무엇일까. 그리고 잘되는 조직과 안 되는 조직의 차이는 어떤가. 바로 조직 시민행동의 차이에 있다. 상대를 위해 우리 스스로 찾아서 하는 조그만 행동 하나하나가 전체를 행복하게 하는 것이다.

우리 사회의 지도자들은 구성원의 자발적 헌신을 유도하려면 조직 시민행동을 염두에 둘 필요가 있다. 리더가 구성원과 목표를 공유하고 신뢰 기반을 쌓아야 가능하다. 가장 값진 사람은 스스로 하나라도 더 하는 사람이다. 개개인이 전체의 일부임에도 1/n(한사람 몫)이 아닌 1+α(한 사람 이상의 몫)로서 진가를 발휘하여 일한다면, 자신의 가치를 빛내고 궁극적으로 더 큰 보상과 인정을 얻지 않을까 생각해본다.

## 기왕이면 10%만 더하자

운칠기삼(運七技三)이라는 말이 있다. 청나라 문인 포송령이 언급했다는 이 말은 실력이나 노력만으로 세상일이 잘되지는 않는다는 다소 체념적인 의미로 사용되고 있다. 세상일이란 게 자신의 뜻대로만 되는 게 아닌데 이를 자신의 탓으로만 돌릴 수는 없는 법이다. 실패한 자신을 위로하기에는 딱 좋은 말이다. 하지만 본질은 이와 다르다. 뒤집어보면 이 말의 뜻은 비록 세상사의 70%는 운이 지배하지만, 나머지 30%는 사람의 실력과 노력이 결정한다는 것이다. 그리고 이 30%의 노력에서 누가 1%라도 더 열심히 하느냐로 결정 난다고 보는 것이다. 세상에 우연이나 공짜는 없다는 말이다. 최선을 다하지 않으면서 운이 없다고 변명하는 모습이 좋아 보이지는 않는다. 성공한 사람들은 대부분 "저는 운이 좋았습니다."라고 겸손해한다. 열심히는 했는데 운마저 따라줘서 고맙다는 말로 들린다. 그렇다. 열심히 한다고 다 되는 게 아니라면 운도 중요하다. 결국 운은 노력이 선행되어야 따라온다.

얼마 전 영암의 양파즙 생산회사를 방문했다. 정년퇴임하신 사장님은 우연히 양파즙 사업을 하게 되었다고 한다. 기존 양파즙의 냄새와 맛을 바꿔야 한다고 생각한 사장님은 매일 양파를 실험하면서 나날을 보냈다. 매일 밤늦게까지 열악한 시설을 가지고 실험을 하던 어느 새벽에 너무 피곤해서 실험 도중 깜박 잠이 들었다. 두어 시간이 지나서 잠을 깬 사장님은 중탕에 가열하고 있는 양파가 생각났다. 많은 실험용 양파를 버려야 되는 상황이었다. 그런데 가만히 살펴보니 색이 예쁘게 변해 있었고 냄새와 맛도 종전과 전혀 다르게 좋아졌음을 발견했다. 이 회사는 부채 한 푼 없이 업계에서 선도적인 위치에 있다. 운이 좋았던 것일까? 남다른 열정으로 밤늦게까지 고민하고 노력한 결실을 맺은 것이다. 만일 이분이 저녁에 일찍 퇴근해서 술 약속을 하거나 제품에 대한 고민도 없었다면 이러한 결과가 나왔을까? 운은 노력의 부산물이다.

행운은 노력 끝에 나온다는 고사성어는 많다. "아니 땐 굴뚝에 연기 나랴?"라는 말은 원인을 제공해야 결과가 있다는 의미로 맹자의 진인사대천명(盡人事待天命), 서양의 "하늘은 스스로 돕는 자를 돕는다"와 같은 말이 이를 뒷받침하고 있다. 사람들은 승자의 축배만을 보고 부러워하거나 시기할 뿐 그 이면(裏面)의 노력과 고난은 살피지 않는다. 강자라고 해서 쉽게 사는 세상이 아니다. 밀림에서 사자가 사슴을 사냥하고 나서 여유롭게 포식하는 모습은 어떤가? 불과 몇 분 만에 사냥을 하고 편하게 사는 사자가 부럽다고 생각할 것이다. 그러나 사자가 죽을힘을 다해 500m 이상 사슴을 쫓아가서 잡아야 굶어죽지 않는다. 그 이상 가면 사자가 심장마비로 죽게 될 수 있다. 사자의 생존율은 20% 이하이지만 사슴은 40%나 된다.

남보다 앞서는 사람들은 겉에 드러나지는 않지만 인생을 치열하게 산다. 사람들은 "뭘 그렇게 아등바등 억척을 부리며 살아?"라고 말하기도 한다. 하지만 이들은 그렇게 말하는 사람들에게 "당신은 왜 그렇게 빈둥빈둥 살아?"라고 반문할 것이다. 성공한 사람들의 공통점은 세상사에 호기심을 가지고 열심히 일하고 성취한다. 노력을 통해 얻는 게 많을수록 우리 자신을 '운 좋은 사람'으로 여기며 만족한 삶을 살 수 있다.

# 05  친절의 경제학

　얼마 전 온 가족이 내려와 남도여행을 했다. 이곳저곳 아름다운 풍경과 맛난 음식을 접하고 모두가 만족한 모습이었다. 여수에 갔을 때는 하모(갯장어) 요리를 접했다. 새로운 풍경이나 음식 못지않게 이번 여행에서 얻은 값진 수확은 '하얀 집 강복희 여사'의 친절이었다.

　나이 드신 분이 구수한 전라도 사투리로 어찌나 자상하게 대해주시던지 마치 고향집에 온 듯 따스하고 편했다. 식사를 마치고 나와 큰길로 접어드는데 전화가 왔다. 식당에 선글라스를 두고 갔다는 것이다. 차를 돌려 식당으로 돌아가는데 강 여사께서 헐레벌떡 뛰어오셨다. 30도 더위에 200미터나 뛰어오시니 미안한 마음이 들어 "저희가 가면 될 텐데 힘들게 달려오셨어요?"라고 말했다. 그러자 그분은 "1분이라도 아껴서 남도 구경 더 하시라구요." 하며 비닐봉지에 넣은 개떡 몇 개와 선글라스를 건네주셨다.

　수많은 만남에도 불구하고 이처럼 친절한 사람은 흔치 않다. 그래서 친절한 사람이 보배롭고 귀한가보다. 그렇다면 친절하다는 게 얼마나 값진 일인가. 어떤 자리에서 무슨 일을 하든 친절은 빛나고 눈에 띄기 마련이다.

광주행 중앙고속의 김우성 기사는 승객들을 편하고 안전하게, 그야말로 '극진히' 모신다. 깍듯한 인사, 부드러운 운행 안내, 그리고 불편하지는 않은지 수시로 묻는다. 그러니 승객들의 칭찬과 박수를 받으며 출발하는 버스가 되었다.

전남공고의 조영회 교감선생님은 학생들에게 인사받기보다 먼저 "해브어 나이스 데이(Have a nice day)!" 하며 다가가 어깨를 두드려준다. 명함에도 이 문구가 들어가 있다. 교감선생님과 아이들이 마치 허물없는 친구 사이 같다. 이것이 산교육이고 참교육이 아닐까. 첨단산단경영자협의회 나기수 회장은 늘 얼굴에 미소와 웃음이 함께한다.

기업이 잘되는 원동력이 아닐까 싶다. 광주공항 김상겸 경위와 그 동료들의 서비스 또한 눈에 뛴다. 의외의 친절에 경찰의 이미지가 확 바뀌게 할 정도다. 광주전남수출지원센터의 안수진 주무관은 수출업계에서 인기가 높다. 항시 미소로 친절하게 안내하고 해결해주니 기업인들이 칭찬 이메일도 보낸다. 기특한 공무원이다.

친절은 최고의 서비스이고 최고의 역량이다. 작은 친절도 나비효과를 보여 크게 성과를 나타낸다. 친절은 개인에게 인생의 큰 자산이다. 친절만으로 돈을 벌고 성공하고 존경받는다고 단언할 수는 없지만, 불친절한데 존경받는 명사가 되기는 쉽지 않다. 친절은 조직의 경쟁력을 강화한다. 조직에 대한 경영 평가에서 친절도 1위인 기관의 대다수는 경영 성과에서도 1등을 한다. 국가에게는 선진국의 조건이다.

선진국에 가면 건물 입구에서 문고리를 잡고 뒷사람이 오기까지 기다려주는 모습이나 길을 물으면 100미터까지도 함께 앞장서서 가며 안내하는 모습이 흔하다. 그런 국민은 국가 위상과 이미지를 높이는 역할을 한다.

이러한 장점에도 불구하고 우리는 친절에 익숙하지 않은 문화를 가지고 있다. 친절은 겸손과 자존심을 내세우는 사회에서 자칫 자기비하나 간사함으로 비친다. 수직적 문화에서는 친절함이 복종과 순응으로 여겨지는 오해를 빚기도 한다. 하지만 성숙한 사회로 진행되면서 친절은 선택이 아닌 필수 교양의 덕목으로서 빛을 발한다. 그러니 친절에 대해 깊이 생각해야 한다. 친절은 '장님도 보고 귀머거리도 듣는 언어'라고 한다. 『젊은 베르테르의 슬픔』을 비롯해 수많은 대작을 남긴 독일의 괴테(Johann Wolfgang von Goethe)는 친절이 사회를 결속시키는 금 사슬(gold chain)이라고 했다. 인종, 성별, 나이, 국적, 신분은 물론 어떠한 장벽도 허물고 서로를 이어주는 최고의 공동체적 가치인 것이다.

친절의 실행은 부드럽고 고운 말, 정중한 행동, 미소와 인사하기, 상대방에 대한 배려 등의 몇 가지 행동으로도 가능하다. 미국의 컨설턴트인 크리스틴 틸퀴스트는 저서 『친절의 경제학(Capitalization on kindness)』에서 친절은 가장 큰 자본이므로 의식적으로 친절해지려고 노력하고 친절 기술을 배워서 현실에 적용해야 한다는 점을 강조했다. 우리 사회에 친절 운동이 펼쳐지면 좋겠다.

## 금호고속의 '고객님'

새로이 출범하는 정부의 중소기업에 대한 관심과 육성 의지가 돋보인다. 중소기업이 일자리 창출과 경제발전의 원동력이 되기 때문이다. 이제라도 중소기업이 국가 및 지방자치 단체의 가장 중요한 고객으로 재평가되어야 할 시점이다. 새로운 대통령이 '중소기업 대통령'이 되겠다고 한 것은 국가 경영에서 중소기업을 중요한 고객으로 삼고 최선을 다하겠다는 의미일 것이다. 우리나라 사업체의 99% 이상이 중소기업이며 종사자는 88%에 이른다. 대통령에서 실무 공무원까지 중소기업을 '고객님'으로 모시고 이들의 성장을 잘 지원하면, 경기회복과 선진국 진입 시간은 단축되리라 믿는다. 하지만 고객만족을 실현하기는 어렵다. 노력한 만큼의 성과가 나타나지 않거나 실천하는 과정이 힘들기 때문이다. 여기 좋은 사례가 있다.

금호고속 김성산 대표의 『고객행복경영』이란 책을 읽었다. '고객님'에 대한 철학과 소중함을 강조하는 이 책에는 고객이라는 단어가 무려 1228번이나 반복된다. 김 대표는 고객만족을 위해서는 고객을 경외(敬畏, 공경하고 두려워 함)하는 마음을 가져야 한다고 했다. 최고 경영자의 바쁜 일정에도 불구하고 벌써 다섯 권째 쓴 책이다. 고객의 중요성을 강조하는 그 열정과 철학이 존경스럽다. 그럼에도 어떤 사람들은 고객을 탓할 때가 있는데 이는 우매한 짓이다. 고객은 무조건 옳다. 미국 시인 엘라 윌러(Ella Wheeler Wilcox)의 시를 음미해보자.

배 하나는 동쪽으로

다른 배는 서쪽으로 향하네.

불어오는 바람은 같은데.

우리 갈 곳을 알려주는 것은

바람이 아니라 돛이라네.


　고객은 바람과 같아서 예측하기 어렵게 행동한다. 그러니 우리가 고객에 맞추어 대응하는 것이 본질이다. 누구는 고객을 만족시키고 누구는 불만스럽게 하는지의 차이가 여기에 있다.

　우리는 기업에 각종 규제를 가하면서도 그들에게 일자리와 세금을 요구한다. 기업의 파산이나 부도는 외면하며 그들이 잘되면 부담을 지운다. 기업에 요구하려면 먼저 기업인을 고객으로 대접해야 한다. 그들은 이미 존재만으로도 고용과 납세 그리고 지역발전에 기여하고 있다.

　우리에게는 누구나 고객이 있다. 주변을 살펴보면 거래처는 물론이고 동업자나 동료, 경쟁자, 부모자식, 종업원, 이웃이 모두 고객이다. 다만 상대가 고객이라는 생각보다 나 자신이 고객이라는 생각이 앞서서 안 보였을 뿐이다. 눈을 돌려 고객을 살펴보자. 여러분의 고객님은 여러분 덕분에 안녕하신가, 생각해볼 일이다.

# 06  무등산 정기와 포럼

　무등산(無等山)은 1187미터의 호남 제일의 명산이다. 어떤 이는 서울의 남산이나 청계산 정도로 생각하는데, 막상 광주에 와서 무등산의 위용을 접하면 사람들의 무등산 사랑을 이해하게 된다. 무등산은 '비할 데 없이 높은 산, 등급을 매길 수 없는 산'의 의미를 가지고 있다. 산세가 웅장하지만 대부분 경사도 완만해서 각종 식물이 자생하고 볼거리가 풍성하다. 2012년에는 도립공원이 된 지 40년 만에 국립공원으로 지정되었다. 백제 때는 무진악, 고려 때는 서석산이라 불렸는데, 지금도 지역의 상가나 학교, 지명에 널리 사용된다. 그뿐만 아니다. 무등산의 정기를 받고 자라난 아이들이 우리나라의 훌륭한 인물이 되고 광주, 화순, 담양 지역의 사람들은 무등산과 함께 희로애락을 함께하고 마음을 가다듬는다. 한 광주 출신 연예인이 방송하면서 가장 어려울 때 용기를 준 것이 뭐냐고 묻자 무등산이라고 답할 정도이니 영산(靈山)이 맞는가 보다.

　광주에서는 이러한 영산의 봉우리에서 내려오는 기운을 받으며 각종 스포츠 활동, 심신수련, 문화예술 행사가 연중 끊이질 않는다. 대부분 학교의 교가에는 '무등산 정기'라는 구절이 들어 있다. 이러한 무등산의 정기를 나누며 지역발전을 고민하고 학습하는 모임이 있다. 바로 이른 아침에 지역의 각계 인사들이 모이는 조찬 포럼이다. 광주에 내려와서 처음 무등산의 정기를 느끼게 해준 것도 포럼이었다.

지역에는 수십 개의 크고 작은 포럼이나 아카데미가 있지만, 가장 널리 알려진 포럼은 경총의 금요조찬 포럼, 상공회의소의 광주경제 포럼, 산학협동 연구원의 산학협동 포럼이다.

금요조찬 포럼은 1990년 6월 1일 이후 매주 금요일 아침 일곱 시부터 개최되어왔다. 2012년 말 현재 1127회의 관록을 자랑하는 전국적으로 유명한 포럼이다. 1980년에 설립된 전남경영자협회에서 비롯된 광주경영자총협회가 운영하고 있다. 이 포럼은 광주전남의 지역 경쟁력을 높이고자 의식 혁신과 새로운 정보의 습득, 지역발전을 모색하는 내용의 특강 형식으로 운영되고 있다.

조찬은 각계 인사가 참여하는 네트워크다.

지역사회의 평생학습의 장을 마련하고 네트워크를 활성화하는 데 크게 기여하고 있다. 포럼의 이사장이며 활발한 지역 공헌을 하시는 유희열 경총회장이 솔선하여 참석하시며, 그간 지역리더 등 각계 인사 10만여 명이 참여했다.

이 포럼은 아침 7시에 실시되므로 외지의 강사들은 전날 저녁 광주에와서 1박을 한다. 그 때문에 시간과 비용 면에서 부담이 가지만 '광주 금요조찬 포럼'의 강사로 선정되는 것이 영광이라고 할 만큼 권위가 있는 포럼이다. 강의 주제도 경제, 정치, 사회, 예술, 인생, 건강, 기업정책 등 모든 분야를 망라하고 있다. 녹음 CD와 정기간행물을 제공할 뿐만 아니라 전체 내용을 단행본으로 엮어서 보내주므로 학습에 큰 도움이 된다.

매월 넷째 주 화요일 아침 7시에는 광주 경제 포럼이 열린다. 광주상공회의소와 삼성경제연구소가 준비하여 제공한다. 시의 적절한 테마의 조찬 세미나로서 라마다 호텔 4층 연회장에서 개최된다. 경제와 경영, 노사문제, 통상 등의 현안에 대한 내용을 위주로 한다. 이 포럼의 특징은 가장 최신의 경영이나 경제와 관련된 주제를 전국적으로 동시에 알려준다. 삼성경제연구원의 전문가들이 강의하며 영상 자료를 통해 고전이나 인물을 소개하기도 한다.

매월 셋째 주 수요일 아침 7시 무등파크 호텔에서 열리는 산학협동 포럼(영문 약칭 키우리[KIURI])은 2003년부터 지역의 다양한 구성원이 모여 꾸려나가는 자생의 모임이다. 사회 각계의 유명인사와 전문가들을 초청해 특강 형식으로 진행된다. 매월 조찬 포럼 외에 회원 간의 우호 증진과 발전을 도모하는 동아리 활동도 눈에 띈다. 산악회, 골프회, 독서회, 봉사회 등이 구성되어 있다. 또한 회원업체를 방문하고 널리 소개하는 회원 탐방 프로그램, 산학협력을 통한 기업체 컨설팅과 연구 프로젝트 수행, 산학협동 대상 시상식, 산학 정보지의 발행 등 가장 학구적이고 융합적인 포럼으로 평가받고 있다.

10주년 행사를 통해 알게 된 사실이지만, 산학협동 포럼의 발전에는 초대 원장을 지내신 박성수 교수의 노력과 헌신이 밑거름이 되었다. 그는 창립 10년사에서 "전국의 만년 꼴찌인 광주전남의 경쟁력을 키워낼 방법은 산학협동이라는 신념으로 시작했다."며 초창기를 회고했다. 그의 열정과 애정은 곳곳에 배어 있는데, 어느 포럼에도 없는 '키우리의 노래'라는 포럼가를 만들고 직접 노래의 가사를 썼을 정도이다. 1990년 대구에서 처음 시작된 포럼을 벤치마킹했음에도 지금은 오히려 대구에서도 부러워한다.

초대에서 3대까지 이사장을 맡으신 염홍섭 회장, 4대 김국웅 회장과 5대 최상준 회장, 1대와 2대 박성수 원장, 3대에서 5대의 오성동 원장, 그리고 많은 분들이 함께 가꾸는 포럼은 어느덧 1600명의 회원을 자랑하는 모임으로 성장했다. 이러한 대표적인 포럼 외에도 다산강좌, 장성 아카데미, 이화 아카데미, 그린 아카데미, 무등산 사랑방과 같은 다양한 학습 모임이 활성화되고 있다.

대표적인 소규모 학습 모임으로는 인문학 분야에 강점을 가지고 있는 무등산 사랑방이 있다. 강정채 이사장이 주관하며 매주 화요일 5시 농성동에서 50여 분이 모여 강의를 듣는 프로그램이다. 대부분 학자, 교수, 예술가, 단체 등에서 오신 분들이다. 평소에 접하고 싶은 주제를 가지고 진행하는데, 몇 가지 특징이 있다.

무등산 사랑방은 강사에게 강사료 대신 그림, 책, 서예글씨와 같은 작품을 선물로 전달한다. 참석자들은 회비 대신 식사에 참석한 회원에 한해 1만 원의 만찬비만 내면 된다. 무등산 사랑방은 친목회처럼 소박하면서도 아기자기한 분위기이다. 이 모임의 백미는 바로 강의가 끝나고 이어지는 저녁식사 겸 막걸리 대화이다. 허름하지만 오붓한 식당의 낮은 방바닥에 옹기종기 둘러앉아 노란 양은 주전자로 나누는 막걸리와 맛깔스러운 계절 음식은 최고의 성찬이다.

이와 같은 지역 포럼은 리더들에게 무등산의 정기를 나누고 지식과 교양 그리고 네트워크를 구축해주는 토대가 되고 있다. 부수적인 이점도 있는데, 조찬 포럼은 아침밥 걱정을 할 필요가 없다. 혼자 먹는 것도 아니고 부지런하고 존경스런 분들과 인사를 나누며 먹는 아침식사이니 맛도 절로 난다. 어디 음식만 먹는가. 지식과 교양이라는 자양분을 섭취하는 건 더욱 큰 수확이다. 서울처럼 자신을 갈고 닦을 수 있는 강연이 흔치 않으니 이런 포럼의 기회가 더 소중하다. 대부분의 포럼 강사가 서울에서 오는 경우가 많아 따끈따끈하고 새로운 정보와 지식을 제공하기도 하지만, 세상을 보는 혜안을 가질 수 있어 좋다. 평생학습을 이루고 좋은 사람을 만나려면 포럼에 나가시길 바란다.

# 07  여성에게 박수를

최근 경기도 안산에 있는 창업사관학교를 방문했다. 이 학교는 젊은 예비 기업가를 선발하여 1년간 체계적인 비즈니스 교육 기회를 제공하는 무상 교육기관이다. 입교자에게는 사무실, 제조가공 설비와 작업장, 해외 전시회 참가, 1:1 전문가 멘토링과 투자 유치는 물론 연간 1억 원 이내의 사업비를 지원한다. 금년에 300명을 선발하는데 무려 1900여 명이 몰렸다. 주목할 점은 여성 입교생이 갈수록 늘어 이제 두 자리 수가 넘는다. 프랑스 유학에서 돌아와 아동 교재를 개발하거나 명문대학을 휴학하고 눈썹 틴트기를 개발하는 등 도전 정신과 용기를 가진 젊은 여성 기업가의 모습이 보기 좋았다. 최근에는 여성들의 창업 강좌 수강이나 창업 보육센터 입주도 활발해지고 있다.

우리 사회는 실업문제에도 불구하고 경제활동 인구는 감소하고 있다. 남성의 노동력으로는 생산성의 한계에 이르렀다는 지적과 함께 여성의 역할에 커다란 기대를 걸고 있다. 무엇보다 여성의 교육수준이 향상되고, 여성성을 중시하는 사회 분위기, 그리고 여성 친화적인 산업구조도 큰 영향을 미치고 있다. 또한 기업가로서 여성의 강점도 빼놓을 수 없다. 인내와 침착한 태도, 정직하고 실용적인 거래 관행이 눈에 띈다. 그래서 한 여성단체장은 "여성 특유의 세심함과 배려는 화합을 이끌어내고 무리하지 않고 안정적으로 경영하는 데 있어 강점이다."라며 '여성스러움이 강점이 되는 사회가 되어야 한다."고 강조했다.

하지만 전반적인 여성 경제활동은 미흡하다. 우리나라의 여성 경제활동 인구 비율은 10년 가까이 50% 부근에 머물러, 선진국들이 1인당 국민소득 2만 달러에서 57.4%였고 OECD 평균 61.8%인 점에 비하면 매우 낮은 수준이다.

여성 경제활동을 늘리는 방법은 여성 기업이 많이 나타나고 이들이 성장하도록 하는 것이다. 우리나라에는 126만 명의 여성 사업가가 있다. 이들은 가정과 일을 양립하면서 일자리 창출, 세금납부, 부가가치를 생산한다. 하지만 개인으로서 기업가로서 많은 어려움을 호소한다. 출산과 육아로 인한 활동의 제약이나 경력 단절, 사회적인 편견이나 성차별의 장벽에 부딪힌다. 특히 남성 중심의 접대문화로 곤혹을 치르며 이는 마케팅의 난관이 된다. 이것이 조애옥 여성경제인협회 지회장이 기회 있을 때마다 여성 기업의 판로 해결을 강조하는 이유이기도 하다.

다행히도 최근 한 연구소는 여성의 경제활동이 늘면 출산율도 높아진다는 연구 결과를 발표했다. 이는 일하는 여성의 경력 단절을 최소화하고 다양한 출산 및 육아 지원, 여성 창업의 촉진, 여성 기업의 경영 안정을 위한 과감한 정책이 필요함을 시사한다. 자금이나 거래처의 확보, 공공기관 납품 등에서 우선적인 지원이 필요하다. 앞으로 공공기관부터 지역 여성 기업 제품의 구매에 관심을 가져야 할 것이다. 여성 기업의 흥망이 여성 경제활동과 직결된다는 점에서.

여성 기업인은 우리에게 정말 중요한 리더들이다

　여성도 자신감을 가져야 한다. 소극적이고 수동적인 자세에서 벗어나 당당하게 일하는 모습을 가져야 한다. 얼마 전 조애옥 여경협 지회장과 윤명회 전 회장의 이·취임식, 최선희 여성벤처협회 지회장 취임식이 있었는데, 이와 같은 지역의 여성 경제 리더가 좀 더 많이 배출되고 활동하면 좋을 것이다. 페이스북의 최고 운영 책임자인 셰릴 샌드버그는 저서 『린인(Lean in)』에서 "여성은 기회가 오면 주도적으로 움켜쥐는 모습을 보이라."고 당부한다. 양보에 의해 주어지는 기회가 아니라 자신이 나서서 가져오는 기회를 말하는 것이다. 여성의 약점을 보완하고 강점을 살리면 선진국 형 '위미노믹스(Wemenomics)'가 실현될 것이다.

# 08  거기 관공서 맞나요?

　우리 청은 300만개나 되는 중소기업·소상공인을 지원하는 총괄 부처이다. 하지만 중소기업 사장님들조차 잘 모르는 경우도 있어 정책의 파급성 및 지원효과가 떨어지게 된다. 청사 건물이 낡고 좁다 보니 편히 쉴 곳이 없고 주차 공간도 비좁아 좋은 이미지를 갖기가 어렵다. 또한 한정된 예산으로 많은 기업을 지원하다 보니 선정 기업보다 탈락 기업이 많아 불만이 많을 수밖에 없다. 문제는 이들로부터 '공정하지 못했다' '불친절하다' '신청 기간이 짧다' 등의 반응도 나오고, 심지어는 '찾아가기가 불편하다'에서부터 '관공서가 지저분하다'는 등의 푸념도 이어진다. 이런 불만을 가지면 관공서는 무뚝뚝하고 불친절하다는 선입견을 갖게 된다.

　우리 조직은 이러한 '불편한 진실'을 알고 있음에도 불구하고 지금까지 외면하고 있었다. 변명일 수도 있지만, 청사 개선을 위한 예산이 부족한 데다 당장 직원들은 현업에 바쁘며, 딱히 뭔가를 개선하겠다는 의지나 필요성을 못 느끼고 있어 공감대 형성도 어렵다. 실제 일부 직원들은 "외부에서 딱히 지적도 없었고 잘하고 있는 것 같은데, 굳이 뭘 바꿔야 하나?" 또는 "정책 지원 업무도 많은데, 친절이 그렇게 중요한가?"라며 거부감을 보이기도 했다.

공무원 입장에서는 규정대로만 하고 특별히 실수하지 않으면서 민원인의 요구를 대충 무마하고 넘어갈 수도 있다. 별 탈이 없으면 된다. 하지만 그게 바로 무사안일이다. 국내외적으로 어려운 환경에서 고군분투하는 중소기업이 우리의 고객이 아닌가. 이들이 잘되어야 경제가 살고 고용도 늘고 하는 것이다. 어떤 기업이든, 기관이든 고객이 어려운데 자신만 편하게 지낼 수는 없다. 관공서도 예외는 아니다. 이미 민간은 물론 정부도 공무원들의 서비스를 개선하고자 각종 평가나 경연대회 등의 방책을 마련해 시행하고 있다. 그러니 능동적으로 고객 요구에 부응하는 것은 당연한 일이다.

그래서 전 직원이 난상토론을 하여 민원인의 만족도를 높이는 방안으로 '친절 서비스'밖에 없다는 결론을 내렸다. 항상 신속하고 친절하게 전화를 받고 허름한 청사를 방문한 고객님을 환한 웃음으로 맞는 직원이 되기로 목표를 세웠다.

## 맑고 향기롭게

우선 항공사나 백화점, 호텔을 능가하는 서비스 기관이 되자고 했다. 일부 직원들은 호기심을 보였지만 대부분은 무덤덤했다. 허황된 목표라고 생각하는 게 당연한지도 모른다. 그러나 지속적이고 반복적으로 서비스의 개선을 강조한 끝에 공감을 이끌어낼 수 있었다.

그리하여 2012년 5월 3개의 팀을 결성했다. 직원들 스스로가 자유롭게 팀원을 모집하여 추진 팀을 구성하고 팀원의 결속력을 다졌다. 전 직원의 2/3가 팀 활동에 참여했다. 각 팀은 개별적으로 모범사례의 벤치마킹, 자료수집 등을 통해 활동 계획을 세웠다.

그리고 직원들에게 세 가지의 선결 과제로서 청렴, 청결, 친절을 제시했다. 우선 공무원의 급여는 국민의 세금에서 나오는 것이니 부정한 금품이나 향응을 배격해 소탐대실(小貪大失)의 우를 범하지 말자는 것이었다. 주기적으로 외부 전문가의 교육과 청렴결의 대회도 열었다. 두 번째는 우리부터 마음을 청결하게 하고자 미소 짓는 생활을 하기로 하고 고객에게 '맑고 향기로운 공무원'으로 비춰지도록 노력하기로 했다.

복장도 깨끗하고 단정하게 입기로 했다. 점퍼를 입거나 옷깃을 올리는 사람, 운동화나 슬리퍼로 복도나 사무실을 다니는 사람, 고객이 보는 데서 주머니에 손을 넣고 걷는 사람이 사라졌다. 오랜 습관이었음에도 바뀌는 모습에 힘이 솟고 우리 직원들이 자랑스러웠다. 혁신의 동기는 위에서 부여하고 혁신의 활동은 아래로부터 이뤄지는 법이다. 모든 직원이 똘똘 뭉쳐 팀에 참여하고 활동을 시작했다.


## 모기한테 물리면서


먼저 방문 고객의 첫인상 개선을 위해 깨끗한 환경을 조성하기로 했다. 우리 청사는 지은 지 20여 년이 된 데다 최근에 지은 인접 건물과 비교하면 초라하기까지 하다. 방문하는 고객들이 자칫 지저분하다는 느낌을 받을 수도 있다. 그러나 예산이 부족해 새로운 건물을 지을 수는 없으니 깨끗하고 깔끔하게 정리라도 하는 게 차선책이라는 생각이 들었다. 직원들이 직접 청사를 고치고 정리하는 데 나서기도 했다.

우선 매월 첫째 주 수요일을 '청사 환경개선의 날'로 정하고 전 직원이 팔을 걷어붙이고 청사 정리에 나섰다. 한여름 아침 30도를 훌쩍 넘는데도 땀 흘리며 풀을 뽑고 나무 전지작업도 했다. 건물 뒤의 공터에 방치된 잡초를 뽑으러 들어갔던 여직원들이 모기에 서너 군데씩 물려 나오기도 했다. 참으로 미안했지만 "여러분이 모기에게 보금자리를 만들어준

예산을 아끼려고 직원들이 직접 나섰다

건데 이제 와서 말끔하게 청소하려니까 모기들이 집을 지키려고 반발하는 겁니다."라고 농담을 건넸다. 그래도 직원들은 서로 리어카를 끌고 밀며 신나게 청소를 했다.

윤귀린 주무관이 수박과 아이스크림을 돌리고, 김화영 주무관은 재잘거리며 분위기를 돋았다. 나는 땀 흘리며 수고하는 직원들의 장한 모습을 카메라에 담았다.

화단에 있는 오래된 화초나 풀을 정리하고 작고 예쁜 꽃을 심었다. 각 층 바깥 계단의 재떨이는 모두 없앴고, 각 층의 복도에는 고객을 위한 서적이나 홍보물을 비치했다. 현관 입구에는 행사 및 방문자 환영을 위한 모니터 화면을 설치했다. 사용하지 않아 먼지와 거미줄이 엉켜 있는 실험실의 못 쓰는 장비를 들어내고 새 단장을 했다. 예산이 없어 공사를 맡길 수도 없었다. 정무영, 이호준, 이춘희, 안수진 주무관이 페인트를 사다가 직접 도색작업을 했다. 옷에 페인트를 묻혀가면서 체력 단련실을 만들었는데, 공사를 마치고 여기에서 '오픈 기념 직원 단합대회'를 개최했다. 탁구 시합과 윷놀이를 하면서 모두가 좋아했다.

고객에게 가장 불편한 것은 주차장이었다. 비좁고 지저분한 주차장은 아스팔트를 새로 깔고 고객우선 주차장을 설치했다. 김장호 주무관이 주차 배치도를 이리저리 그리며 고민하여 고객전용 주차장을 확보하고, 직원들은 2부제 운행과 외부 주차장을 이용하는 불편을 감수한 끝에 고객 주차난이 해결되었다. 건물 입구에 스피커를 설치해 클래식 음악을 들려주었다.

고객님은 누구나 편히 이용하는 '기업사랑 쉼터.

다음은 쓰지 않는 공간을 고객 쉼터로 꾸미기로 했다. 고객들이 잠시 머물거나 쉴 수 있는 공간이 없었다. 관공서 분위기를 벗어나 아늑한 카페를 만들기로 했다. 디자인 자문을 받아 공사에 들어갔다. 직원들도 탄력을 받아 정성 들여 참여했다. 심지어 주말에 가족과 나들이를 가서도 멋있는 카페가 있으면 사진을 찍어 와서 팀 회의 때 공유하고 토론했다. 그리하여 탄생한 곳이 '기업사랑 쉼터'이다. 비록 저예산이지만 어느 카페보다도 포근하고 편안한 공간이라고 자부한다.

## "반갑습니다, 고객님" 관공서 맞아?

환경개선에 맞추어 심혈을 기울인 활동은 친절 서비스 운동이었다. 관공서 하면 생각나는 게 무뚝뚝한 표정, 모른다는 답변 그리고 형식적인 응대라고 한다. 반면 백화점이나 항공사를 생각하면 어떤가. 웃으며 먼저 인사하고 편안하면서도 대접받는 느낌이 든다. 우선 민원인이라는 용어를 쓰지 않고 '고객님'으로 부르기로 했다. 같은 방문객을 지칭하지만 받아들이는 입장에서 큰 차이가 있다. 공무원이 갑(甲)이 아니라, 고객이 갑이 되는 것이다. 그래서 서비스 운동의 구호를 "민원인은 없고 고객님만 있다"로 정했다.

우선 친절한 전화응대에 나섰다. 자신감을 갖지 못하거나 몸에 배지 않으면 친절하기 어려우므로, 우선 개개인에 대한 분석과 행동의 변화를 유도하는 것이 필요했다. 기회가 있을 때마다 친절의 중요성과 밝은 미소를 강조했다. 김화영 주무관이 아이디어를 내어 청사 입구에 스마일존(smile zone)을 설치했다. 출근 시마다 미소 지으며 친절을 다짐하는 것이다. 또한 민간 기관을 벤치마킹하기로 하고 청장을 비롯한 간부, 팀원들이 신세계백화점을 찾아가 서비스 운동의 노하우를 탐색했고, 지역 축제나 미술관 등을 방문하여 감성과 유연성을 키워갔다.

개인마다 상이한 전화응대를 표준화하고자 전화응대 7단계, 방문고객 응대 요령, 현장 방문 시의 행동 요령 등의 매뉴얼을 제작하여 전 직원의 책상에 부착하고 몸에 익히도록 했다. 고객의 전화벨 소리가 3번 이상

울리기 전에 전화를 받아야 하며 개인의 핸드폰도 마찬가지다. 전화응대도 상냥하고 부드러워야 한다. 짜증나는 일이 있는 고객이 전화를 해도 마음이 바뀔 정도로 친절이 느껴지게 하는 것이다.

김광수 과장은 직원들이 업체에 출장을 가는 경우 업체 대표에게 일일이 전화하여 방문과 관련된 안내를 했다. 정부로부터 평가를 받게 되는 업체의 긴장과 불안을 해소하고 그들에게 정부에 대한 신뢰감을 주는 좋은 사례가 아닐 수 없다.

가장 중요한 것은 끊임없는 연습이었다. 그리하여 우수 직원의 시범과 따라 하기, 서정남, 안세웅 주무관의 상황 연기 등을 통해 피나는 노력을 했다. 그리고 윤귀린, 김화영 두 직원을 통해 개인별로 모니터링을 하여 개선점을 제시하고 시정하도록 코칭 시스템을 운영했다. 다행히도 두 사람이 공감해주고 직원들에게 성실하게 코칭을 해주었다. 고마울 따름이다.

---

**우리의 약속**

◎ 여러분은 「우리의 고객」 이십니다.

◎ 여러분을 「최고의 친절」로 모십니다.

◎ 여러분께 「만족한 서비스」를 제공합니다.

**광주·전남지방중소기업청** 가족일동

---

내부는 물론 외부의 모니터링도 병행했다. 개인별 평가표를 작성하고 우수한 사람을 선정했다. 아침 조회에서 외부에서 평가한 친절 베스트 5명을 발표했다. 어떻게 평가되었는지도 공개되었다. 이러한 노력에 대한

보상도 제공했다. 매달 친절 직원을 선정하여 홍보 모니터에 공표하고 표창장을 주었으며, 해외 배낭여행의 기회도 주었다. 아마도 서비스 친절 직원으로 뽑혀 해외여행을 다녀온 중앙부처 공무원은 없지 않을까.

가장 큰 친절은 무엇일까? 그것은 아마 고객의 문제 해결이 아닐까 생각한다. 결국 공무원의 역량이 있어야 고객의 요구가 해결되거나 고객을 이해시킬 수 있다. 친절하긴 하지만 업무가 미숙하거나 요령도 없이 고객을 실망시킨다면 어떻게 되겠는가. 그래서 '우리부터 갈고 닦자'라는 생각으로 직원들을 위한 교육을 강화했다.

우선 내부의 지식과 정보를 공유하고 직원 역량 개발을 위해 '지식나눔 포럼'을 개최했다. 매주 청장에서 여직원까지 두 명씩 전원이 돌아가며 자유 주제로 강의를 한다. 강의는 20분이지만 쉬지 못하고 준비했을 거라 생각하니 그저 미안하고 고마웠다. 이러한 발표를 통해 개인의 역량을 강화할 수 있는 기회도 되지만 일주일에 한 번 전 직원이 얼굴을 대하며 관심사를 논하는 소통의 장이 되고 있다. 신혼의 안채영 주무관은 결혼 이야기, 옹은정 주무관은 쿠키 만드는 법, 김성현 박사는 사진 잘 찍는 법 등 주제도 다양해서 좋았다.

신규 직원의 업무 역량을 강화하고자 기획, 홍보, 행사, 고객대응에 대한 교육도 실시했다. 이상헌 과장을 비롯해 김영주, 공영수, 이정구, 백대화 팀장 등 간부가 모두 나섰다. 매월 둘째 주 화요일의 의미로 '이화(二火)'라는 이름을 붙여 '이화 아카데미'라는 월간 강좌를 만들었다. 주로 성공한 기업가나 기업경영에 관한 전문가를 초빙해서 듣는데, 기업인이나 창업가들이 참석한다. 보다 폭넓은 주제를 접하도록 강사진을 섭외하고 있다. 또한 고객 지원실에서 기업 자문을 해주는 비즈니스 지원단에게도 친절과 서비스 교육의 기회를 제공했다. 정진삼 과장 주제로 주기적인 워크숍과 개인별 평가를 실시하여 중소기업 고객에게 동일한 서비스가 제공되도록 했다.

## 고객만족에 오히려 우리가 만족

청사의 환경과 서비스 개선 그리고 직원의 업무지식과 커뮤니케이션의 강화를 통해 전반적인 조직의 이미지와 구성원의 역량은 날로 좋아졌다. 이러한 노력은 내외의 모니터링을 통해 평가하였고 개인별로도 체크하여 피드백을 했다. 실제로 자체적으로는 팀원이, 외부에서는 창업보육센터의 매니저와 타 지역의 지방청 직원을 통해 평가했다. 활동 초기에는 86점이었으나 활동을 하면서 개선되기 시작하여 92점에 이르렀다. 이에 그치지 않고 꾸준히 활동한 결과 '2012년 중소기업청 고객 만족도 평가'에서 전국 1위를 달성했다.

또한 2013년 6월 중소기업청 '창조혁신 사례 발표대회'에서는 김종길 주무관이 그간의 활동사례를 발표하여 최우수상의 영예를 얻었다. 이 날 수상 장면을 지켜본 직원은 "고난의 극복은 성공과 실패의 기준선이 되는 듯합니다."라는 명언을 남겼다. 활동 초기 '왜 우리 청만 불필요한 업무를 만들어 힘들게 하는지?' 하는 분위기도 있었지만, 뜻과 노력의 결과가 최우수상이라는 값진 선물로 되돌아와 모두 기뻐했다. 이에 그치지 않고 6월 14일 개최한 '2013년도 전라남도 품질 분임조 경진대회'에 참가하여 중앙 부처로서는 최초로 특별상까지 수상했다. 전국대회까지 진출하고 싶었지만 우리 스스로 자긍심을 느끼고 고객만족의 문화를 조성하는 데 목적이 있었기에 더 이상의 대외적인 평가는 받지 않기로 했다.

이러한 상보다 값진 것은 고객의 반응이었다. 우리 청을 자주 방문하는 김보곤 회장은 "예전에는 청사에 들어서면 딱딱한 느낌이었다. 그런데 어느 순간 따뜻하고 포근한 느낌이 들어서 사업으로 지친 심신을 위로 받는 기분이 들었다."고 했다. 올림픽 레슬링 금메달리스트로서 사업가인 김원기 대표는 "청사에 들어선 순간 어느 여직원의 상냥한 안내에 순

작지만 강한 조직으로, 서비스는 최고로

간 '여기가 관공서가 맞나?' 하는 의구심이 들 정도로 감동 받았다. 평소 관공서의 문턱이 높게만 느껴졌는데, 광주전남청으로 인해서 관공서의 이미지가 확 바뀌었다."며 널리 홍보하겠다고 했다. 윤태정 전 MBC 아나운서는 "스피치 강의를 하러 여러 관공서를 다녀봤지만, 광주전남지방중소기업청같이 밝은 표정과 상냥한 말씨를 지닌 관공서는 못 본 것 같다."라며 칭찬을 아끼지 않았다.

또한 외부 고객만큼이나 중요한 게 내부 고객의 반응인데, 활동 전 많은 의구심을 갖던 직원들도 점차 변화했다. 꿈쩍도 안 할 것 같던 선임 공무원들까지 바뀌자 주변 직원들도 놀라워했다. 고객님이라고 말하는 자신의 모습에 직원들 스스로도 성취감과 자신감으로 가득 차 있었다. 요즘은 청장실로 전화하면 부속실 송희진 주무관의 "반갑습니다. 고객님!"이라는 멘트에 잘못 전화한 줄 알았다면서도 칭찬을 아끼지 않는다. 모든 직원들이 "반갑습니다, 고객님!"에 중독된 것 같다고 한다.

그러나 이러한 우리의 소박한 꿈을 이루는 데 어려움도 많았다. 잦은 인사이동으로 그간 주도적인 활동을 한 직원이 훌쩍 떠나는가 하면, 새로 온 직원을 분위기에 동참시키는 데 오랜 시간이 걸린다. 또 하나, 서비스라는 게 끝이 보이지 않으므로 자칫 개선 활동에 회의를 느끼거나 식상할 수 있다는 점을 경계해야 한다. 부디 지금까지의 노력이 헛되지 않도록 이런 활동이 지속되었으면 좋겠다.

# 09 공무원에게 한 말씀만

　금융위기 이후 중소기업과 자영업자의 어려움이 지속되고 있다. 어디 이들뿐이랴. 10대 그룹 29개 계열사의 1분기 영업실적을 보면 삼성전자를 제외한 나머지 기업들은 전년대비 이익이 35%나 감소했다. 국제적인 경기침체에 엔저, 북한문제, 인력난 등이 겹쳐 기업 경영에 부정적인 영향을 미치고 있다. 또한 정부, 기업 그리고 가계 부문의 누적 부채가 3600조에 이르러 성장의 발목을 잡고 있다. 악성 채무자도 130만 명이나 된다고 한다.

　정부는 이를 극복하고자 다각적으로 노력하고 있다. 가계부채 해소, 중소기업 지원, 고용기회의 확대를 꾀하고 경제 성장률을 다소라도 높여 나간다는 계획이다. 더불어 과거의 경제 패러다임으로는 성장에 한계가 있다고 보고 새로운 성장의 돌파구를 찾고 있다. 부실금융의 건전화, 사회 안전망의 점검, 중소기업 육성, 성장 동력의 발굴, 수출 확대를 위해 최선을 다하고 있다.

　이러한 노력이 결실을 맺기 위해서는 창조성과 융합을 기반으로 하여 악화된 경제 생태계를 복원하는 일이 시급하다. 올바른 방향을 설정하고 민관이 힘을 합쳐 역할을 다하면 안 될 것도 없다. 특히 시장경제가 어려워짐에 따라 정부와 지자체의 역할이 증대하고 있다. 예산을 효과적으로 집행하고 대민 서비스 수준을 높여야 한다. 불요불급한 대형 공사나 소모적인 사업보다 지역경제와 일자리 창출에 도움이 되는 분야에 집중해야 한다. 기업의 인력난 해소와 생산성을 촉진하고 나아가 우리 사회를 생산 지향의 '일하는 분위기'로 바꿔야 한다. 이를 위해 사회 분위기를 창조적이고 생산적으로 변화시켜야 하며, 무엇보다 공무원과 사회 지도층의 역할이 중요하다.

최근 한정화 중소기업청장이 간부 공무원들에게 다산 정약용의 『목민심서』를 나누어주며 '청신근'(淸愼勤 : 청렴, 근신, 근면)의 덕목을 염두에 둘 것을 당부했다. 요즘 갑(甲)의 행태에 대한 논란이 거세지고 있는 시점에 공무원의 역할을 강조한 것이다. 일부 지자체 공무원들이 수십억 원의 나랏돈을 빼돌리는가 하면, 민간에서도 정부 보조금을 횡령하는 일이 벌어지고 있다. 또한 모 유업회사의 직원이 대리점 주에게 폭언을 하는가 하면, 대기업 임원이 항공기 내에서 승무원에게 횡포를 부린 사건으로 시끄럽다. 뿐만 아니라 오폐수 처리와 농공단지 분양업무 처리를 태만하게 처리한 공무원들의 사례도 보도되고 있다. 갑(甲)의 행태에 을(乙)이 분노하고 있다. 청신근이 강조되어야 하는 이유가 여기에 있다. 다산은 "백성은 땅을 밭으로 삼는데, 관리는 백성을 밭으로 삼는다."며 한탄하지 않았던가.

공직이나 금융기관, 대기업에 있는 사람들이 평생직장을 얻었다며 안주하거나 '갑(甲)'의 행세를 하면, 국민의 고통은 커지고 나라 발전의 염원은 멀어진다. 공무원 한 사람의 연봉은 근로자 수십 명이 내는 세금에서 충당되고 있다. 그러니 공직자는 꼬박꼬박 나오는 봉급에 만족하고, 국민에게 친절한 서비스를 제공하며, 섬기는 자세로 열심히 일해야 한다. 이는 이름난 고관이나 청백리만이 할 수 있는 것이 결코 아니며 공적 업무를 수행하는 사람들의 기본 덕목이라고 생각한다.

최근 강진에 있는 다산수련원에 다녀왔다. 연간 2500여 명의 새내기 공무원들이 전국에서 방문한다니 다산정신이 널리 퍼지고 있는가보다. 이들이 국민이라는 고객을 만족시키고자 노력한다면 국민 행복지수도 올라가고 선진국 진입도 빨라지지 않겠는가. 공무원의 변화를 요구하는 것이 자칫 주제넘거나 식상한 주장으로 치부되지 않았으면 좋겠다. 국민은 공무원의 분발을 기대하고 있다.


## 공무원이 도대체 뭐야


불현듯 한 사람의 시민으로서, 또한 공직자로서 애국에 대해 생각해보게 되었다. 무심히 지나치기 쉬운 애국에 대한 고민이기도 하다. 여기 작은 사례를 들어본다.

말 못 하고 듣지도 못하는 장애인이 위급한 상황에서 경찰서를 찾아가면 어떨까? 아마 수화가 가능한 경찰이 없어 적시에 대응하기가 곤란할 것이다. 그런데 수화로 장애인 봉사에 헌신하는 경찰이 있으니 하삼종 경감이 바로 그 주인공이다. 그는 수화는 물론 자비를 들여 장애인 봉사에 헌신하는 꽤 유명한 경찰관이다.

청각 장애인의 고충을 알고 수화를 배운 하 경감의 장애인 사랑은 한마디로 지극정성이다. 농아인 자녀에 한글교육, 위급한 농아 환자의 후송 조치, 그리고 농아 여인이 22년간 헤어진 가족을 찾는 데 결정적 역할을 하기도 했다. 이곳저곳의 경찰서에서 수화 통역을 하는 것은 물론 경찰관 수화 교관으로 활동하며 수화 교본을 발간하기도 했다. 바쁜 일과 봉사를 병행하면서도 열심히 공부해 석사학위도 가지고 있다. 우리 사회는 하삼종 경감처럼 남을 배려하고 헌신하는 사람들이 있어 오늘의 평안을 누리고 있는지도 모른다.

혹자는 애국이란 말이 구태의연하고 무겁다고 느낄지도 모른다. 그러나 범위를 좁혀서 생각하면 애국은 개인의 작은 행태에서 비롯된다. 공동체에서 남을 배척하기보다 남을 도와주고 배려하는 일이 애국이라고 하면 얼마나 간단한가. 따라서 하삼종 경감 개인의 선행은 '생활 속의 애국'이라고 보면 된다. 딱딱한 경찰의 이미지를 국민과 함께하는 이미지로 만드는 중요한 역할, 이런 것이 애국이다.

우리는 국가와 국민을 위해 사랑하는 조국과 가족들을 떠난 순국선열들의 넋을 기리며 한 번쯤 우리가 해야 할 일을 생각해볼 필요가 있다. 한 나무가 자라는 데 환경이 절대적인 영향을 미치듯, 개인도 조국이라는 토양이 절대적인 영향을 미치기 마련이다. 같은 사람도 아프리카나 중동의 전쟁터에서 태어나 죽는 사람이 있고, 유럽이나 미국의 평화롭고 부유한 동네에서 태어나 안전한 삶을 살지 않는가. 최근 우리나라의 위상은 K-POP, G20 정상회의, 유엔 사무총장 및 세계은행 총재, 무역 7대 강국 등의 이미지를 통해 선진국 진입을 눈앞에 두고 있다. 그러나 선열들이 남긴 나라를 지속적으로 번영시켜 후손에게 물려주려면 각자의 본분을 다해야 한다. 개인보다 공동체를 배려하는 시민의식과 행동이 뒤따라야 한다.

한 사람 한 사람의 선행이 일상적으로 행해지고 존경받는 사회가 된다면 이로써 순국선열에 대한 최고의 예를 갖추게 되는 것이 아닐까. 그리고 이들이 남긴 우리 국가와 민족의 미래는 더욱 밝아지지 않을까. 하삼종 경감처럼 사회 지도층이 '측은지심'을 가지고 어려운 주변을 둘러보기를 기대한다.

# V

# 지역민의 꿈을 키워라

# 경제 호민을 양성하자

호민(豪民)은 허균의 『호민론』에 나오는 정치적 의미도 갖고 있지만 '재물이 넉넉하며 세력이 있는 백성'을 말한다. 국가 사회가 안정되고 평안해지려면 바로 이 호민이 많아야 한다.

최근 치러진 광주의 한상(韓商) 대회는 전 세계에 나가 비즈니스를 하고 있는 동포들이 모이는 행사로서 여타 행사와는 남다른 의미를 지니고 있다. 바로 경제 호민이 되고자 모이는 자리였기 때문이다. 그간 문화나 스포츠 중심의 행사와는 달리 지역 기업의 수출과 투자유치는 물론 국제적인 비즈니스 네트워크를 구축하는 좋은 기회였다. 전국 평균을 웃도는 광주전남의 수출 증가세에 더하여 추가적인 수출시장을 확보할 수 있을 것이다. 광주는 소비도시의 이미지를 벗고 수출도시로 도약하고 있다. 매년 수출 증가세를 거듭하여 2012년 141억 달러로 2009년 이후 지속적인 상승세를 보여주고 있다. 전남의 수출도 2012년도 419억 달러를 달성했고, 금년 3분기에는 전년대비 6% 이상의 증가세를 보였다. 광주전남의 수출 증가율은 전국에서 세 번째로 높다.

기업유치 활동도 활발하다. 광주는 최근 200여 개의 일자리를 마련할 수 있는 고객센터 투자협약을 체결했고, 전남은 친환경 업체 등 각 분야

5개 중소기업을 유치했다. 투자유치 활동의 성과가 속속 이어지고 있다. 요즘 경기침체로 기업유치가 쉽지 않은 상황에서 반가운 소식이 아닐 수 없다.

그러나 취약한 지역경제의 체질 강화를 위해서는 지속적인 노력이 필요하다. 일부 지자체들은 아직도 기업유치보다 국책사업을 따내는 데 심혈을 기울이고 있다. 최근까지 경기장은 물론 문화예술 회관이나 시군구 청사건물을 새로 짓느라 난리를 쳤다. 도시의 기반시설이니 당연히 필요하겠으나, 일부에서는 엄청난 규모의 시설을 지어놓고 활용도가 떨어져 텅 빈 공간으로 남아 있거나 운영 보수비 때문에 고민하고 있다. 오히려 지자체의 재정난을 가져오고 고용 효과나 세수는 그리 크지 않다는 점도 지적되고 있다.

이에 비하면 기업은 고용, 세수, 산업 연관 효과 면에서 최고의 경제효자이다. 3천억 원짜리 공공시설보다 3천억 원의 매출을 일으키는 기업의 경제효과는 비교가 되지 않는다. 건설수요는 물론 적게는 수백 명에서 많게는 수천 명의 고용이 이루어지며 상품의 보관과 수송, 원자재의 구매, 주거단지의 건립까지 다양한 수요를 유발한다. 또한 기업은 지역사회의 장학, 복지, 문화행사 등의 후원자로서 큰 역할을 하고 있다. 그러니 기업이 얼마나 중요한가. 이러한 기업을 외지에서 유치하는 것도 중요하지만 지역 내에서 일으키는 것도 매우 중요하다. 바로 창업이다. 창업은 지역 실정에 맞는 기업을 확보할 수 있는 최상의 방법으로서, 지역의 강점을 고려한 상품이나 서비스를 갖춘 기업이 탄생하기 때문이다.

또한 창업은 기업유치보다 투입 자원이 적게 든다. 그러나 창업 기업이 안정적으로 자리를 잡고 성장하려면 이른바 '창업 생태계'를 마련해야 한다. 이를 위해 창업에 필요한 인프라와 가장 애로점인 자금조달의 연계가 뒤따라야 한다. 특히 담보나 신용이 부족해 융자조달에 한계를 지니고 있는 점을 해결하기 위해 창업을 위한 엔젤 투자 시스템을 갖추어야 한다. 창업가와 투자자가 만나 투자가 이루어져 좋은 기업이 탄생할 수 있는 시스템을 구축하는 것이다. 이렇게 되면 좋은 아이디어와 제품에도 불구하고 자본유치나 마케팅 네트워크가 부족한 창업가와 좋은 비즈니스 아이템을 찾거나 투자를 원하는 기존 기업인 또는 투자자에게 좋은 기회를 제공한다.

서울 광화문의 KT 건물 1층의 강당에서는 매월 창업가와 투자자가 만나 사업 아이템에 대한 발표와 토론이 이어진다. 창업에 필요한 각종 정보와 지식도 교환한다. 공식행사가 끝나면 인근 호프집에 가서 교류회도 갖는다. 지난 8월 위성인 과장과 함께 모임을 참관하러 갔다. 200여 명이 3시간 가까이 한 번도 자리를 뜨지 않았고 인천, 대구, 강원도 등에서 원정을 온 참석자들도 많았다. 좋은 벤치마킹의 대상이었다. 광주에서도 '무등 벤처포럼'이 출범했다. 신선한 아이템의 창업가나 중소기업가에게 담보나 보증이 없이도 자금조달이 가능하도록 하는 데 목적이 있다. 지역의 투자자나 창업가 모두의 관심과 참여가 무엇보다 중요하다.

# 02  당신에게 배웁니다

    우리로광통신을 방문한 적이 있다. 우선 회사가 깨끗하고 직원들의 표정도 밝아 보였다. 3층 건물임에도 엘리베이터가 설치되어 장애를 가진 소수의 직원이나 방문객을 배려하고 있었다. 대표이사의 방에 들어서니 역시 깔끔했다. 구내식당에서 식판을 들고 배식 순서를 기다리며 앞뒤를 둘러보니 젊은 직원들이 상당수 눈에 띄었다. 그리고 몇 개월 후 김국웅 회장의 '새로운 기업문화의 창조'라는 제목의 특강을 듣게 되었다. 뚜렷한 사명감과 철학이 사랑과 지혜를 통해 표출된 강의였다. 사실 기업문화는 최고 수준의 회사가 아니면 논하기 어려운 주제이다. 우리로광통신은 7년간의 연속 적자를 거쳐 광주의 광산업 육성 10년 만에 코스닥 상장 1호가 된 기업이다.

    김 회장의 회사 경영은 기본적으로 자애를 바탕으로 직원의 참여와 전사적인 몰입을 이끌어내고 있었다. 1994년에 지방의 중소기업으로서는 상상도 할 수 없는 직원들의 해외여행을 위해 광주공항에 전세기를 띄우기도 했다. 임직원에게 대학까지 학자금과 주택자금 지원, 5백만 원까지의 출산 장려금 지급은 물론 유아원도 개설했다. 회사 상조회와 근로복지 기금도 운영한다. 다양한 교육도 이채롭다. 사보를 통해 지식과 정보를 공유하며 인문학 강좌를 매주 2회 근무시간에 80분씩 제공한다. 독서 경영을 실천하기 위해 연 10권의 책을 읽고 토론회를 개최하기도 한다. 장애인 고용은 장애인고용촉진법이 발효하기 이전부터 하고 있다. 자율성을 통한 공동체 형성에도 노력하고 있어 1991년부터 자율 임금제를 실시하는데, 임금 토론회를 거쳐 임금에 합의하는 시스템을 가지고 있다. 또 주니어 보드를 14년째 시행하여 젊은이의 의견을 업무에 반영하고 있다. 하지만 근무 규율은 엄격해 음주 운전, 오토바이 운전, 도박 등에 대해서는 과감하게 사표를 받아 처리한다고 한다. 김 회장은 지역사회에도 깊은 관심을 보여 3600만 원을 들여 '음식 안 남기기 운동'을 실시하고 YMCA 이사장으로서 사회운동에도 적극 기여했다. 또한 산학협동 이사장과 대학 동창회장 등 다양한 활동을 통해 사회발전에 기여했다.

강의 말미에 "십보방초(十步芳草 : 몇 걸음 내에도 인재는 있다)의 심정으로 개개인의 꽃을 피우게 하고 싶다."며 인재 육성에 대한 의지를 보였다. 김수환 추기경의 "머리에서 가슴으로 사랑이 내려오는 데 70년이 걸린다."라는 말을 소개하면서, 회사 직원이 남의 자식으로 치부되지 않고 내 자식처럼 되어야 한다는 점을 강조했다. 이런 철학이 이 회사의 조직문화를 확립하는 데 근본으로 작용하고 있다는 생각이 들었다. 지역에 이 같은 훌륭한 기업가가 많이 나오고 육성되었으면 좋겠다.

## 광주전남이 하나가 되어야

목포상공회의소 회장의 취임식이 있었다. 행사장인 신안비치 호텔에 도착하니 주차장이 가득하고 입구에는 화환이 즐비했다. 김 회장은 청년회의소, 수영연맹, 건설협회, 문화산업진흥회 등의 회장을 역임하고 지난 1980년 5.18 때는 시민군의 총기 회수를 유도했다고 한다. 63세의 나이에도 박사 과정을 하는 등 향학열이 대단한 데다 수필집을 낸 수필가이기도 했다. 인품이 돋보이는 외모와 기업가로서, 교육가로서 사회활동을 하는 모습이 부러웠다.

행사에 와서 보니 주변의 거의 모든 분들이 목포 분들이었다. 목포의 현안이 무엇인지 관찰할 수 있는 좋은 계기였다. 회장은 취임사에서 목포의 미래는 물류(고속철, 크루즈, 공항)가 관건이며 환 황해 권에 대한 연구를 강조했다. 목포 시장의 축사는 조선 산업의 위축이 우려되지만, 세라믹 산업단지와 대양 산업단지가 완공되면 많은 기업이 목포로 이주해 경제가 좋아질 것이라고 했다. 목포-부산 고속전철을 위해 남해 3개 시도가 공동 노력하고 있다고 했다. 또한 호남 고속전철의 광주-목포 노선의 설치는 기존 노선을 개선하면 저속철이 되므로 무안공항을 경유할 것과 목포-군산 철도의 설치를 강조했다. 특히 고속 철도망이 어느 정도 이루어지면 104조에 달하는 목포-제주 해저전철을 추진해야 한다는 점이 새로웠다. 국가적인 사업으로써 추진될 수 있는 사업을 미리 구상하고 있는 것이다.

축사의 하이라이트는 광주상공회의소 박홍석 회장이었다. 이 지역이 다른 지역보다 어렵기 때문에 중앙정부에 어려움을 피력하게 되는데, 그 과정에서 쓴 소리만 하면 좋은 대접을 못 받는다는 것이다. 지역발전을 위해서는 정부정책이 발표되면 난리를 치고 불만을 제기하기보다, 사전에 정책개발을 하고 철저히 준비하는 게 필요하다고 했다. 100% 공감이 가는 말씀이다. 충북은 KTX 노선을 정하면서 천안 아산역과 오송역의 거리가 불과 몇 분의 지척에 있는데도 국회의원과 충북도 간부들이 나서서 결국 해냈다며, 국책사업을 대하는 자세의 전환을 촉구했다. 그는 광주전남이 화합하는 게 급선무임을 강조했다. 타 지역은 도지사나 시장이 협조를 청할 일이 있으면 국회의원이나 지역 유지가 함께 나서는 모습이 보기 좋았다면서 서남 권 발전의 기초는 협력을 강화하는 것이라고 했다.

사실 광주와 전남이 행정구역상 분리되면서 거의 협력관계를 찾아보기 어렵게 되었다. 민관 합동의 협의체를 구성하고 정기적인 정책 교류를 통해 경제발전의 시너지를 만들어가야 하지 않을까.

# 03  사회가 원하는 기업

최근 우리 사회의 커다란 화두는 '경제 민주화'와 '상생'이 아닐까 싶다. 연일 양극화가 논란이 되고 있고 그 중심에는 기업, 특히 더기업이 있다. 산업혁명 이후 선진국 등 각국의 경제성장과 물질적 풍요는 대기업 발전과 궤를 같이 해왔다. 그만큼 대기업의 역할도 증대되었다. 그러나 요즘 우리 사회의 대기업에 대한 시각은 부정적이다. 대형 유통업체의 동네상권 잠식이 계기가 되어 각계에서 '대기업 때리기'가 고조되고 있다. 공정거래위원회 앞에서는 식품 대기업 규탄집회가 열리고 지방자치 단체와 동네 상점들은 대형마트 입점 저지에 사력을 다하고 있다. 더하여 정치인들은 입을 모아 '재벌 횡포'의 방지를 주장하고 있다. 이러한 현상은 기업의 순기능과 역기능에 대한 사회적 이해와 대응이 미흡한데서 비롯되는 것이다.

기업이란 무엇인가? 사전적 의미를 보면 영리(營利)를 위해 재화나 서비스를 생산하고 판매하는 조직체이다. 그러나 이러한 1차적 정의보다는 이들의 기능과 역할이 이해 관계자(stakeholder)에 미치는 영향을 살펴볼 필요가 있다. 기업이 주변과의 관계를 '탐욕실현'과 '주변과의 조화' 중 어느 것으로 설정하는가의 문제이다.

우리는 탐욕스런 기업보다 조화를 중시하는 기업을 원한다. 그릇된 행태를 보이는 기업은 사회로부터 외면당하겠지만, 착한 기업은 사랑받기 마련이다. 다행히도 국민 대다수는 '기업은 경제의 주역, 기업인은 애국자'라고 평가하고 있다. 기업은 고용의 유지와 창출, 제품과 서비스의 제공, 세금 납부, 지역사회에서의 후원자 역할, 대량 소비자로서의 역할을 하고 있기 때문이다. 국가 사회에 기여한 모범기업도 많다.

유한양행의 설립자 유일한 박사는 "기업의 주인은 사회이고 회사는 관리운영의 몫을 할뿐이다."라며 우수한 의약품 생산으로 국민건강 증진, 성실한 납세로 국가발전 기여, 기업이윤의 사회 환원을 3대 사명으로 삼았다니 얼마나 믿음직스러운가! 유한양행은 1939년 한국 최초의 종업원 지주제를 도입해 회사 전체 주식의 52%를 종업원에게 나눠주었다. 유일한 박사는 1971년 타계하면서 자신의 재산 중 7살 된 손녀의 학자금 1만 달러와 딸에게 묘소 부근 땅 5천 평만을 남겼다. 1991년 딸이 죽으면서 전 재산은 유한재단으로 넘겨져 사회에 환원되고 있다.

해외의 모범적인 기업으로는 스웨덴의 국민 기업으로 추앙받는 발렌베리(Wallenberg) 그룹이 있다. 유럽 최대의 통신업체인 에릭슨, 전투기와 자동차로 유명한 사브, 그리고 세계적인 트럭 생산업체인 스카니아 등을 소유한 기업 집단이다. 이 그룹은 스웨덴 인구의 4.5%인 40만 명 고용, 국내 총생산(GDP)의 30%, 주식시장 시가총액의 40%를 차지함에도 창업자 가문이 사회로부터 존경받고 있다. 우리에게 귀감이 되기에 충분하다. 스웨덴 세법상 최대 세율이 60%인데도 85%의 세금을 내며, 가문의 후계자들은 의무 복무가 아닌데도 무조건 해군으로 복무하고, 집안의 도움이 없이 공부를 마쳐야 한다는 것이다. 거대 기업인데도 자국민을 힘들게 하거나 불법 부당한 행위를 하지 않는다는 것이다.

발렌베리 가문은 1856년 앙드레 오스카 발렌베리가 해군장교를 제대하고 스톡홀름 엔스킬다 은행의 창업 이후 5대째 이어지고 있다. 모든 재산은 재단이 관리하며 창업주의 증손자이며 재단 명예회장인 피터 발렌베리의 재산은 200억 원, 아들은 52억 원에 불과하다. 이 가문의 라울 발렌베리(1912-1947)는 2차 대전 중 은행원에서 독일의 유대인 학살을 감시하는 중립국 외교관이 되었다. 그는 가스실 처형이나 총살의 귀기에 처한 유대인에게 가짜 여권을 발급해주는 등 10여만 명의 생명을 구했다.

우리나라 10대 그룹의 거래소 시가총액 비중은 60%에 이른다. 그만큼 이들 기업의 영향력이 크다고 할 수 있다. 관건은 이들이 영국의 동인도회사와 같이 무차별적인 탐욕으로 성장할 것인가, 신망의 발렌베리 그룹이 될 것인가는 우리의 대응에 달려 있다. 작금의 기업 문제는 120년의 일천한 기업 역사 때문이라고 치부하고, 이제부터라도 좋은 기업의 탄생을 기대하며 힘을 모아야 할 때이다. 578년에 세워진 세계 최초의 기업인 일본의 콘고구미(金剛組, Kongo Gumi)라는 건설업체가 백제 유중광에 의해 만들어졌다는 점을 자부하면서 말이다.

우리 지역에도 직원을 가족처럼 여기며 지역과 사회에 기여하는 기업이 있다. 김보곤 회장의 회사를 방문했을 때 '가사일체(家事一體, 가정과 회사가 하나)'라는 구호가 인상적이었다. 알곱보니 김회장은 늘 이웃과 직원들을 보살피는가 하면 지역의 대학생들에게 장학금을 지급하고 지역 봉사에 앞장서는 기업을 일구고 있었다. 우리가 할 일은 이러한 기업과 기업인에 대한 희망과 기대를 갖고 사랑과 격려를 주는 일이다. 일부 그릇된 기업을 보고 전체를 매도해서도 안 될 것이다. 좋은 기술의 기업과 열정을 가진 기업가들을 존중하여 기업하기 좋은 광주전남을 만들어야 한다. 특히 중소기업의 육성은 경제 민주화나 상생을 실현하는 지름길이다.

# 04  용산역이라고?

평소 많은 아이디어와 지혜를 주는 중소기업 단체장 몇 분과 자연스럽게 토론을 한 적이 있다. 고용 지원금의 실효성, 해외투자 경험담, R&D 자금 지원제도, 세금 문제 등 주제도 다양했다. 그러나 가장 공감이 가는 부분은 기업의 애로를 해결해야 한다는 점이었다. 이와 관련해서 최근 중소기업의 '손톱 밑 가시 뽑기'가 정부는 물론 경제계에서도 폭넓게 이루어지고 있다. 이는 중소기업의 성장과 발전이 얼마나 중요한지 잘 알기 때문이다. 이들은 기업의 99%와 고용의 88%를 차지하며 수출과 부가가치, 새로운 기술과 아이디어의 창출에 크게 기여하고 있다. 특히 국민 개개인이 지니고 있는 창의력과 '끼'를 살리는 데 핵심적인 통로 역할을 하고 있다. 기업인들이 만들어내는 성공 스토리는 사회에 활력을 불어넣고 경제 민주화에도 크게 기여한다.

그러니 이들에게 불편을 초래하는 제도나 시책을 개선하는 것은 무엇보다 시급한 일이다. 이는 국가의 책무이고 공무원의 최우선 업무이다. 기업이 잘되게 하려면 두 가지를 고려해야 한다. 기업하기 좋은 환경의 조성과 기업의 경쟁력을 높이는 것이다. 농사로 말하면 양질의 토양과 좋은 종자의 관계와 같다. 특히 기업하기 좋은 환경을 강조하고 싶다.

최근 용산역에 '광주전남 비즈니스 라운지'가 설치되었다. 박홍석 광주 상공회의소 회장을 비롯한 각 지역 상의가 중심이 되고 광주시와 전남도가 후원하여 이루어졌다. 지역의 개별 기업을 지원하는 것보다 여러 기관이 힘을 합쳐서 다수의 기업이 혜택을 볼 수 있는 인프라를 마련했다는 점에서 의미가 크다.

개별 기업의 애로가 '손톱 밑 가시'라면, 다수가 장기간 노력해도 해결이 어려운 복합 애로는 '가시방석'이라 할 수 있다. 가시방석은 개인이나 한 기관이 나서거나 다수의 당사자 중의 하나가 나서서 제거하기 어렵고, 누구 하나가 이런저런 핑계로 안 된다고 하면 더욱 해결이 어렵다.

대표적인 가시방석이 바로 호남선 KTX와 항공 운항이다. 얼마 전 광주 지역에 투자하러 오겠다는 기업인이 있었다. 지인이 광주로 안내하기로 했는데 뜻하지 않은 일이 벌어졌다. 투자하겠다는 사람은 서울역에서, 안내하는 사람은 용산역에서 기다린 것이다. 뒤늦게 용산역에서 만나서 열차표를 끊으려니 한 시간 이상을 기다려야 했다. 결국 그는 다음 기회에 보자며 돌아갔다.

서울~대구 KTX는 65회, 부산은 60회를 운행하지만 광주(송정 포함)는 21회, 목포는 13회 운행한다. 편리한 시간에 타기도 어렵고 운행 시간도 대구가 1시간 50분인데 비슷한 거리인 광주는 3시간이 소요된다. 훨씬 먼 부산까지 2시간 36분 걸리는데도 말이다. 시간과 비용 면에서 큰 불편이 아닐 수 없다. 해외로 가는 것도 불편하다. 서울역에서 공항철도로 김포공항은 20분, 인천공항은 40분이면 도착한다. 용산역에서는 30분이 더 걸려 갈아타야 한다. 인천공항에서는 대구, 부산, 제주 행 국내선만 운항되고 있다. 예전에는 광주에서 김해를 거쳐 오사카로 가는 노선이 있었다며 김포-인천을 거치는 게 2시간이나 더 걸린다고 했다. 그러니 기업인들의 불편과 불만은 당연한 것이다.

이러한 유통물류의 가시방석은 기업 유치나 기업인들의 해외시장 개척에 장애가 되며 경영상의 비용과 노력을 배가시키는 요인이 되고 있다. 이를 감안하면 영호남선의 일부 열차를 서울역과 용산역에 상호 교차하여 정차시켜야 한다. 또한 4~5정거장에 불과한 서울-대구 노선에 비해 용산-광주 노선에서 9차례나 정차하는 운행 방식도 바꿔야 한다. 철도 당국도 이런저런 안 되는 이유를 대지 말고 되는 방법을 찾아야 할 것이다. 앞으로 예산을 투입해서 개별 기업을 지원하는 것 못지않게 이러한 가시방석의 제거가 중소기업 지원의 우선순위가 되도록 노력해야겠다.

# 사업이나 한번 해보겠다니

얼마 전 아는 후배로부터 전화가 왔다. 40대 중반의 후배는 다니는 회사를 그만두고 사업이나 해보겠다는 것이었다. 왜 그러냐고 물어보니 더이상 승진도 어렵고 오랜 조직생활에 신물이 난다며 어떤 아이템이 좋으냐고 물어왔다. 나는 황당해서 "후배는 이것저것 하기 싫고 안 되면 하는 것이 사업으로 알고 있느냐? 더 생각해보고 이야기하자."며 전화를 끊었다. 참으로 답답한 일이다.

최근 은퇴 세대는 물론 젊은이들 사이에서도 창업에 대한 관심이 높아지고 있다. 이러한 분위기는 청년층의 취업난과 조기 퇴직자가 늘어나면서 이들에 대한 일자리 창출의 대안으로 부각되고 있다. 정부와 지방자치 단체도 발 벗고 나서서 창업을 권한다. 창업은 열정적인 사람들의 꿈을 이루고 부(富)를 창출하게 한다. 상품과 서비스 제공, 고용 창출, 세금 납부는 물론 인접 산업의 발전에도 기여한다. 따라서 정부는 창업에 관심 있는 사람들을 위해 다양한 정책적 지원을 아끼지 않고 있다.

그러나 창업에는 커다란 함정이 있다. 바로 다산다사(多産多死) 현상이다. 한 해 60만 개의 창업이 이루어지고 58만 개가 폐업한다고 한다. 법인의 경우는 작년 한 해 7만 4천 개가 설립되었다. 하지만 이들이 모두 성공하는 것은 아니다. 이 중 불과 3% 정도만 성공에 이른다. 특히 이들 창업기업의 53%가 2년 이내 망한다고 하니 정말 '사업이나 한 번 해볼까'라는 자세로 창업하는 게 얼마나 무모한 일인지 생각해보아야 한다. 실패자의 대부분은 '묻지 마 창업'을 한 사람들이다. 하고 있는 일이 잘 안 되면 사업으로 눈을 돌리거나 다른 사람들의 성공담을 듣고 따라 하기 때문이다. 아니면 창업에 따른 자원(자금, 인력, 판로, 관리능력 등)을 제대로 확보하지 못하거나 주도면밀한 계획을 수립하지 못하는 경우이다.

그렇다면 성공적인 창업을 위해서는 무엇을 해야 할까? 많은 전문가들은 '준비된 창업'을 권하고 있다. 즉 철저히 준비하고 따져보고 필요한 자원을 확보한 후에 하는 것이다.

'가장 좋은 창업'은 중소기업(아니면 대기업이나 연구기관)에서 다양한 경험을 쌓고 나서 시작하는 것이다. 또한 기술이 있어도 마케팅 경험을 쌓거나 이 분야의 전문가와 함께 시작하는 게 좋다. 특히 창업교육을 통해 제반 지식과 준비사항을 갖추면 성공 확률이 높아진다. 통계적으로도 창업교육을 받은 경우 성공률이 30%가량 높은 것으로 나타나고 있다. 그러니 처음 사업계획 단계에서부터 준비사항을 꼼꼼히 따져보고 전문가나 선배 기업인에게 필요한 상담이나 검증을 거치는 게 중요하다. 자금마련도 담보를 통한 융자보다는 엔젤투자를 받도록 하고 창업 후 마케팅의 문제가 발생하므로 다양한 인적네트워크를 마련하는 게 좋다. 특히 사전 검증이 중요하다. 창업을 꿈꾸는 사람들에게 전하고 싶은 말이다.

## 정부의 창업지원을 알아야

　정부의 다양한 창업지원 제도를 활용하는 것도 고려해야 한다. 우선 창업과 관련된 종합적인 정보를 제공하는 '창업 넷' '재택 창업 시스템'을 활용하고 중소기업청, 중소기업 진흥공단, 창업 진흥원, 소상공인 진흥원과 같은 지원 기관의 홈페이지를 방문해서 각종 정보와 자료를 확보하는 게 필요하다. 정부의 창업지원은 크게 세 가지가 있다. 첫째, 창업교육으로 교육비의 95%까지 정부가 지원하며 연간 25만 명이 교육에 참여하고 있다. 업종별로도 제조업에서 영세 유통업은 물론 규모도 1인 사업자까지 다양한 대상을 고려하여 실시하고 있다. 소상공인은 전국 58개 소상공인 지원센터에서 상담을 받을 수 있다. 청년창업사관학교에 입교하는 경우에는 1년간 1억 원의 지원을 받으며 창업 아이디어를 구체화할 수 있다.

　둘째는 창업을 위한 공간이다. 각 대학이나 연구소의 창업보육 센터에 입주할 수 있으며 이외에도 여성 창업보육 센터, 장애인 창업보육 센터, 1인 창조기업 지원센터, 시니어 창업지원 센터 등이 전국에 설치되어 있다.

　셋째는 창업자금이다. 연 3.75% 정도의 금리로 중소기업 진흥공단과 지역의 신용보증 재단에서 융자금을 받을 수 있고 기술창업의 경우는 과제당 9천만 원의 연구 개발비를 지원하는 등 다양한 출연금(상환 의무가 없는 자금)과 더불어 각 지역의 투자펀드로부터 투자하려 한다면 창업 관련 지원 정보를 입수하여 살펴보고 교육을 받는 게 우선이다.

# 06 100세 시대의 답을 찾다

　20여 년 전 영국에서 공부하던 시절, 우리 가족은 마을이 수 십 가구에 불과한 한적한 동네로 이사를 하게 되었다. 그런데 아침저녁으로 동네를 드나들어도 어쩌다 지나가는 사람 외에 주민의 모습을 보기가 쉽지 않았다. 두어 달이 지난 어느 날 주민 한 분이 오시더니 우리 가족을 위해 환영 파티를 한다며 어느 집으로 안내를 했다. 20여 가구의 주민이 모였는데 모두 노인 분들이셨다. 젊은 사람은 물론 아이들도 우리 가족 뿐이었다. 다른 지역도 사정은 별반 다르지 않았다.

　지금 우리나라가 그런 현상을 맞고 있다. 대도시에 나가지 않으면 아이들 구경하기가 쉽지 않다. 그만큼 노인인구가 많아지고 있다. UN이 1954년에 정한 기준에 따르면 65세 이상을 고령인구라고 한다. 이들이 7%에 이르면 고령화 사회, 14%까지는 고령사회, 20% 이상이면 초 고령사회라고 한다. 우리 농어촌 지역은 이미 25%를 넘었고 고령화 속도는 세계 1위이다. 2018년이면 이태리, 일본, 스페인과 같은 최고령 국가가 된다. 오죽하면 노인연령 기준을 65세에서 70세로 하자고 할까.

　이처럼 고령화가 진행되면서 우리 사회의 인식도 달라지고 있다. 장수가 인간의 소망이었지만 일부에서는 개인은 물론 사회나 국가에게 재앙

이 되고 있다며 우려하고 있다. 의료나 복지, 실업 문제가 심각하기 때문이다. 이를 완화하거나 해소하려면 실업수당, 노인수당, 의료보호 등을 제공해야 하므로 재정을 위협하게 된다. 사회가 활력을 잃게 되며 저출산까지 겹쳐 생산 가능 인구(15~64세)가 감소하게 되는 것이다. 대다수의 퇴직한 선배들은 등산, 여행, 운동, 문화나 취미생활을 하고 친목 모임에 가는 생활도 몇 개월이면 신물이 난다고 한다.

노후대책도 마찬가지다. 부동산은 하락하고 저축 이자는 낮고 보험은 나중 문제란다. 저소득 노인은 더욱 살기가 막연함에도 먹고살기 바쁜 자식에게 기대기도 어렵다는 것이다. 나이가 먹으면 믿을 게 아무것도 없다고 한다. 대안은 없는가? 결국 일하는 것에서 답을 찾아야 한다.

얼마 전 영암에서 만난 분들이 있다. 영암 유기 영농조합의 고효숙 대표(67세), 정동렬(75세) 부부다. 철저한 유기농을 고집하며 감과 구지뽕의 영농과 가공·생산의 사업장을 경영하시는데, 새로운 아이디어를 내고 즐겁고 건강하게 일하시는 모습에서 100세 시대의 답이 보이는 것 같았다. '우프팜(WWOOF : Willing Workers on Organic Farm)'이라는 프로그램도 운영하고 있었다. 이는 하루 4~5시간 농장에서 일하면서 숙식을 해결함과 아울러 심신을 단련하는 국제적인 체험 프로그램인데, 나이에 무관하게 적당한 근로의 기쁨과 심신의 건강을 보장하며, 기업 입장에서는 부족한 일손을 채울 수 있는 상생의 모델이라는 생각이 들었다. 고효숙 대표는 공인중개사, 사회복지사, 레크레이션 지도사 등 다양한 자격증 취득은 물론 칠순에 가까운 나이에도 대학 3학년에 재학하며 끊임없는 공부로 자기 계발을 하고 있다. 대단한 분이시다.

이어서 점심식사를 위해 들른 나주의 평화식당도 좋은 사례다. 부인과 함께 하는 식당에서 서빙을 하시던 김재길(74세) 대표와 이야기를 나누었는데, 매우 창의적인 분이었다. 추어탕을 맛있게 드시고 나서 가져가고 싶어 하는 손님들을 위해 팩으로 포장해주고, 이를 주문받아 우편 판매까지 하는 열정과 아이디어가 돋보였다. 대부분 '오는 손님에게 있는 거나 팔고 말지.'라고 생각하지 않는가.

이분들은 비록 가족 단위의 사업을 하지만 정년이 없는 인생을 살면서 우리 사회에 '나이는 숫자에 불과하다'는 말을 확인시켜주셨다. '노년에 일하는 게 최고의 행복'이라는 생각도 들었다. 우리 사회에는 이처럼 살고 계시거나 기회가 되면 자신의 일을 하고 싶어 하시는 연장자들이 무수히 많다. 그래서 국가가 고령화 문제를 푸는 길은 나이 드신 분들을 보호와 치료의 복지 대상으로만 인식하지 말고, 스스로 일과 보람을 찾도록 유도하는 것이 아닐까 싶다. 최근 창업과 귀농을 하는 중·고령 인구가 늘고 있지만, 이들이 정부의 권유나 지원보다 열정과 창의력으로 100세 시대에 도전하면 좋겠다.

# VI

# 젊은이에게 새로운 길을

# 01 부모님, 선생님. 평생직업 CEO 어때요?

해마다 9월부터 입시철이다. 다음해 2월까지 이어지는 입시를 거치면 무려 337개 대학에서 55만 6천 명이 대학생이 된다. 2018년이 되면 고교생이 줄어 대학 정원은 1만 명을 못 채우고, 2040년이면 대학의 30%가 정원을 못 채운다고 한다. 반면 대학 졸업자 10명 중 4명이 취업을 하지 못하는 실정이다. 대학을 가도 그렇고 졸업해도 취업조차 마땅치가 않다. 이처럼 청년 일자리가 문제가 되긴 하지만 젊은이들이 생각만 조금 달리하면 해법은 간단하다. 많은 젊은이들이 100대 1이나 되는 공무원 시험에 매달리거나 대기업이나 공사 등 이른바 안정된 직장의 좁은 문에 매달려서 그렇지, 생각을 바꿔 괜찮은 중소기업으로 눈을 돌리면 좋은 일자리가 기다리고 있다.

일자리 현황을 살펴보면 지난 10년간 대기업은 1만 6천 개, 이들의 고용은 49만 개가 줄었다. 삼성전자 모바일분야의 채용인원 증가율은 해외에서 71%가 증가한 반면 국내에서는 8%에 불과하다. 공공 부문도 만만치 않다. 이처럼 취업자리 만들기가 어려워지자 그 대안으로 부각된 것이 창업인데, 기술창업보다 음식점이나 소매업과 같이 과밀한 동일 업종에 몰려 있어 수익성에 한계가 있고, 몇 년 못 가 문을 닫는 경우가 많다. 기업은 종업원 수만 명의 대기업에서 사장과 종업원을 혼자 하는 자영업에 이르기까지 다양하다. 하지만 대기업은 2900여 개에 불과하며 중소기업이 99.9% 이상을 차지한다. 중소기업은 우리나라 국민 대부분이 일하고 있는 직장이라는 점에서 결코 마지못해 가야할 직장이 아니다.

따지고 보면 중소기업도 장점이 많다. 사람들이 대기업이나 공공기관을 선호하는 이유는 뭔가? 초봉이 상대적으로 많고 안정된 근무환경과 사회적 인지도가 높기 때문이다. 그러나 다수가 50세전후에 퇴직을 고민해야 한다. 승진에 한계가 있으며 거대한 조직의 톱니바퀴처럼 일을 한다. 폭넓은 업무를 익히기도 어렵다. 개인의 자유가 제한되어 있다.

중소기업은 어떤가? 대기업에 비해 초기 임금이나 대외적인 인지도는 낮지만 장점도 많다. 입사 조건이 까다롭지 않고, 꾸준히 근무하면 경영 전반의 폭넓은 업무를 경험하며, 기업이 성장하여 빠른 승진과 금전적 보상을 받을 수 있다. 대기업보다 나은 임금이나 복지를 제공하는 중소기업의 경영자들을 가리켜 "대통령 부럽지 않다"는 말이 있다. 부와 명예를 함께 얻는다. 그리고 학력이나 성별, 연령, 보유재산 여부가 문제되지 않는다. 또한 중소기업 근무 경험을 바탕으로 사업가로서의 기회도 쉽게 얻을 수 있다.

우리나라에서 꽤 잘나가는 기업가들 다수가 고졸이거나 소위 일류대와는 무관하다. 독일은 강소기업인 '히든 챔피언'의 CEO 중 60%가 고등학교 출신이라고 한다. 누구나 꿈꿀 수 있는 사례는 많다. KD 파워의 박 회장은 단돈 80만 원으로 시작해 2천억 원의 매출을 눈앞에 두고 있다. 안토니 제화의 김 대표는 중졸의 학력으로 무작정 상경해서 매출 400억 원대의 알찬 기업을 만들어냈다. 이들 회사들은 성실하게 세금 내며 직원들에게 최고의 복지를 제공한다. 많은 사람에게 직장과 꿈의 실현 기회를 주는 '진정한 챔피언'들이다. 중소기업! 작지만 큰 꿈을 이룰 수 있는 곳이다. 눈여겨보자.

## 02  대학이여, 붕어빵 인재는 그만

　최근 우리사회는 창조적인 인재를 요구하는 목소리가 높아지고 있다. 그간 모방·추격의 시대에서 창조·선도의 시대로 가기 위해서는 창의적이고 열정적인 인재의 확보가 선결조건이라는 말이다. 당연하지 않은가. 인구가 늘고 경제가 고도성장하며 수요가 넘치는 시절에는 대량생산에 맞는 인재가 필요했다. 산업계에서는 다양한 인력수요에 닿는 맞춤형인재의 필요성과 이를 확보할 수 있는 여건이 부족했다. 그래서 재훈련을 아이디어보다 성적으로 취업을 결정하는 시스템이었다. 인구와 소득이 동반하여 증가하자 학력인플레가 시작되었고 '대학졸업생은 곧 인재'라는 관념이 널리 퍼져 고졸자의 80%가 대학을 가게 되었다. 젊은이들의 일자리 눈높이가 높아진 반면 대학은 풍부한 신입생자원에 안주하며 산업현장의 수요에 그다지 부합하지 않는 인력을 배출하였다.

　그래서 모두가 인재(人才)인 듯 비슷하지만 쓰임새가 부족한 인재(人材)가 양산되었고 이러한 것을 빗대어 '붕어빵인재'라는 용어가 탄생했던 것이다. 대다수의 젊은이가 공무원시험과 은행. 공기업, 대기업 취직에 목을 매는 상황에서는 붕어빵인재만이 양성될 뿐이다. 통제하기 쉽고 주어진 환경에 순응하는 사람을 선호해왔던 것이다. 인재평가도 공부

성적이 거의 절대적인 기준으로 여겨져 왔고 공부가 출세의 지름길로 자리 잡았다. 하지만 이러한 현상은 많은 부작용을 가져왔다. 공무원 200명을 뽑는데 20만 명 이상이 응시를 하여 대다수가 패배를 맛봐야 하고 스펙 쌓기와 취업준비를 위한 대학생의 휴학이 10년 전 30%에서 작년에는 60%에 이르렀다. 요즘 대학은 6년제라는 말이 나오는데 이는 취업실패가 두려워서 졸업조차 미루기 때문이다.

이러한 것이 성장하는 경제하에서는 별다른 문제가 없었다. 그러나 경제난국의 타개와 일자리창출, 나아가 지속적인 성장 모멘텀을 만들어야 할 시점에서는 새로운 가치를 창조할 수 있는 차별화된 인식이 온 국민에게 팽배해 있는 한 '살아 움직이는 인재'의 확보는 요원하다. 사회가 요구하는 다양한 분야의 일보다 소수특정분야의 일에 사람이 몰리는 현상이 우려되는 것이다.

새 정부가 창조경제와 창조적 인재를 주장하고, 취업정책을 대기업이나 공기업에서 중소기업, 대졸자에서 고졸자에게 일자리기회를 확대하는 등으로 방향을 전환한 것은 시의적절한 선택이 아닐 수 없다. 사람들이 마음껏 자신의 '끼와 꿈'을 펼칠 수 있는 '직업생태계'를 만들어가고자 하는 것이다.

이제라도 직업에 대한 가치관이 바뀌어야 한다. 기업은 마땅한 인재가 없다 하고 젊은이들은 좋은 직장 내놓으라 한다. 하지만 좋은 직장이나 좋은 직업은 변하는 법이다. 과거 80년대에는 대기업에 들어가기가 쉬웠던 반면 공무원의 이직률도 상당히 높았다.

그러나 이제는 사법시험 합격자에게 7급 공무원은 어떠냐는 세상이고, 의사의 상당수가 병원 사무실 유지도 힘들다는 세상이다. 반면, 시장에서 호떡장사를 하는 젊은이가 하루 150만 원의 매출을 올리고, 중소기업에서 10년간 버티고 일해서 어엿한 경영자(CEO)가 된 경우는 얼마나 많은가. 동대문에서 1인 사장을 하는 젊은 여성은 일이 좋아서 결혼도 미루고 있다는 언론보도를 접하며 사회는 이들에게 박수를 보내고 있다. 세상은 변하고 있다.

일본의 저명한 교육가인 우찌다 타츠루는 저서인 『하류지향』에서 일본의 젊은이들이 소비자의 권리만 누리면서 일하기를 싫어하는 사이에 나라가 우습게 되었다고 했다. 우리도 이와 다를까? 이제라도 보다 많은 젊은이들이 일의 가치를 알고 일로 승부하기를 바란다. 그래야 붕어빵 인재가 사라지고 창의적 인재가 국가의 미래를 활짝 열게 될 것이다.

## 기업 인재를 키워라

최근 '글로벌 강소기업'으로 지정된 중소기업 현장을 방문하고 있다. "지역에 이렇게 훌륭한 기업이 있었다니." 하는 생각을 하게 된다. 높은 기술과 무한한 성장 가능성을 가진 기업일 뿐만 아니라 세계에 어디에 내놔도 손색이 없는 제품을 보유하고 있었다. 대기업 못지않은 조직문화도 가지고 있어 젊은이들이 이런 기업에 근무하면 배울 것도 많고 기업과 함께 성장하고 발전할 수 있을 거라는 생각이 든다. 경력을 쌓으면서 승진하거나 좋은 아이템을 가지고 자회사의 사장으로 갈 수도 있다. 그럼에도 불구하고 이들 회사의 CEO들이 공통적으로 호소하는 것이 바로 인력 채용의 어려움이다. 지역 중소기업의 4분의 1에 해당하는 23.8%가 인력난을 호소하고 있다. 젊은이들이 서울이나 수도권으로 가려 하고 사회의 편향된 인식에 따라 안정된 직장만을 선호하고 있다. 안타까운 일이다. 물론 그들 나름대로 생각과 목표가 있겠지만, 알고 보면 강소기업의 존재를 잘 모르기 때문이다.

막상 기업에서는 인력이 필요한데도 청년 실업률은 8%대로 사상 최고치에 이르렀다. 전체 실업률이 4%대인 반면 젊은이의 실업률은 두 배가 넘는다. 이에 대해 기업과 학교의 입장은 젊은이들의 눈높이가 너무 높은 게 문제란다. 중소기업이 대기업 수준의 임금을 주면 해결된다고 하지만 결코 임금만의 문제는 아니다. 중소기업에 대한 인식이 바뀌지 않는 한 해결되기 어렵다. 우리나라에는 300만 개가 넘는 사업체가 있다. 제조업체만도 32만 개가 넘고 5인 이상 제조업체는 13만 개에 이른다. 고용의 88%를 이들 중소기업에서 맡고 있다. 이처럼 대다수가 중소기업에서 일하고 있음에도 편견을 가지고 있는 것이다.

좋은 기업도 많다. 더욱이 갈수록 기업의 중요성은 더해가고 기업가의 위상은 높아질 것이다. 세계적인 대기업이 원래부터 규모가 컸던 것은 아니다. 삼성이나 현대그룹도 불과 몇 명의 종업원을 두거나 자영업 비슷한 형태로 시작되었다. 만일 젊은이들이 성장 가능한 강소기업을 찾는다면 기업과 상생(win-win)의 기회를 가질 수 있다. 이들 강소기업 중에는 불과 10년 이내에 대기업으로 성장하는 기업도 흔하다. 경남 함안의 BHI라는 회사는 종업원 50여 명 남짓한 중소기업에서 450명의 대기업으로 성장했다. 임금 수준도 신입사원의 연봉이 5400만 원으로 국내 최고 수준을 자랑한다. 누가 창업 초기에 시골의 조그만 기업에 입사하려고 했겠는가. 이제는 오히려 우수한 인력들도 이 회사에 입사하기가 어려워졌다. 잘나가는 강소기업이 성장한 후에는 입사하고 싶어도 못 들어간다.

젊은이들이 자신에 맞는 기업을 고르고 있는 반면 이들에 대한 기업인들의 생각은 다르다. 얼마 전 한 행사에서 사장님들은 어떤 인재를 원하는지 들어보았다. 대부분이 "회사 일은 처음부터 가르쳐야 합니다. 학교에서 배운 걸로 현장업무를 수행하기는 무리입니다."라고 했다. 하지만 구인난이 심하니 일하려는 자세만 있으면 좋겠다며 다음의 네 가지 자질을 제시했다. 첫째, 수출을 위해 외국어를 잘하는 사람. 둘째, 조직 분위기에 어울리는 원만한 사람. 셋째, 사장도 맡길 수 있는 정직한 사람. 네 번째는 고액 연봉도 아깝지 않은 실력을 갖춘 사람. 즉 어학은 하나 이상, 품성과 매너, 정직한 자세, 프로 근성을 가지면 충분히 인재로 성장할 수 있다는 것이다.

얼마 전 특성화 고교 학부모들을 초빙해서 '중소기업의 이해'라는 주제로 워크숍을 했다. 중소기업 현장도 방문했다. 대부분이 어머니였고 아버지도 몇 분 계셨다. 특강을 듣고 기업현장도 둘러본 학부모들에게 소감을 묻자 "아이랑 함께 오도록 해주세요. 그냥 막연히 생각했던 중소기

중소기업, 아는 만큼 보입니다.

업이 아니네요."라며 만족을 표시했다. 어떤 학부모들은 "우리 아이가 이 회사에 취직되었으면 좋겠다."며 회사 임원들과 함께 기념사진을 찍었다. 환한 웃음을 지으며 돌아가는 학부모들의 모습에 중소기업의 희망이 보이는 듯했다.

참석한 학부모를 대상으로 한 설문조사 결과 중소기업에 대한 긍정적 인식이 59.6%에서 89.4%로 높아졌고, 93%가 중소기업을 이해하게 되었으며, 87%는 자녀의 진로 결정에 도움이 되었다고 답했다. 아는 만큼 보이는 법. 경제는 어렵고 일자리는 늘지 않는다.

젊은이에게 한 마디 권하고 싶다. "중소기업을 눈여겨보고 유망 기업에 미리 들어가 자리 잡으라. 월급이 조금 적어도 버텨서 나중에 최고의 기업가가 되는 준비의 기회로 삼아라."

# 03  일하는 젊은이가 아름답다

얼마 전 서울의 암사동 시장을 찾았다. 가장 눈에 띄는 모습은 젊은 상인이었다. 대부분 전통시장의 상인 평균 연령이 60대인데 이 시장은 45세 정도라고 한다. 그러다 보니 곳곳에 30대의 젊은 상인들도 있었고, 그들이 열심히 손님을 맞이하는 모습으로 시장 분위기도 활기차 보였다. 이 시장 외에도 서울의 광장시장을 비롯한 도시 지역의 전통시장에서 젊은 상인이 점차 늘어나고 있다. 직업에 대한 고정관념에서 벗어나 자신의 꿈과 끼를 살리는 곳이라면 어디든지 찾아나서는 용감한 젊은이가 늘고 있는 것이다.

안정된 직장을 선호하는 그간의 직업관도 서서히 바뀌고 있다. 한 직업알선 회사의 발표에 의하면 약 25%의 젊은이가 일단 중소기업에 취업한 후 경력을 쌓아 더 나은 직장으로 진출하겠다고 한다. 무조건 진학하기보다 사회 경력을 중시하는 실용적인 젊은이가 늘어나고 있다. 특정 분야의 취업만을 고집하기엔 54.5%의 낮은 취업률에 발목을 잡힐 수밖에 없기 때문이다. 이제는 일하는 시대가 열리고 있다.

이제 우리 사회도 젊은 시절의 경험과 실패를 자산으로 삼아 미래의 성취를 꿈꾸는 젊은이가 필요한 시대가 되었다. 우리 경제가 이만큼 선진국 시대에 도달한 것도 '일하는 국민, 일하는 젊은이'가 있었기 때문이다. 오늘날 50대 이후의 부모님들이 국내는 물론 독일, 미국과 중동에 나가 불철주야 일했던 모습이 있었기 때문이다. 혹자는 한국의 높은 학구열과 진학률 때문이라고 하지만, 내면을 보면 일하는 사람들의 역할 때문이다. '하늘은 스스로 돕는 자를 돕는다'는 말이 자조(self-help)에 있다고 한 영국의 저술가이자 사회 혁신가인 새뮤얼 스마일스(Samuel Smiles)는 인간의 완성은 독서가 아니라 노동이라고 역설했다. 일하는 젊은이는 동서고금을 막론하고 중요하고 필요한 존재라는 점을 뒷받침하는 것이다. 일터에서 보람을 찾는 분위기를 만들어야 한다.

## 대학 진학률에 목매지 말자

매년 언론을 장악하는 뉴스가 바로 '대학 진학률' 경쟁이다. 각 지자체는 물론 고등학교 등에서 대학 진학 실적을 대대적으로 홍보한다. "우리 지역이 전국 몇 등을 했다."느니 "어느 학교가 얼마만큼 높아졌다."느니 경쟁적인 순위 발표가 이어진다. 학부모들이 삼삼오오 모여서 이를 가지고 학교를 평가하고 선생님을 평가한다. 아직도 입시 지옥에서 못 벗어나고 있는 걸까? 이러한 과열 분위기로 2008년도 대학 진학률은 83.8%의 고점을 찍으며 세계 1위를 굳건히 한 이후 지속되고 있다.

2011년도 72.5%로 급락했지만 여전히 세계 1위이다. 특히 지방이 높은

데 부산, 제주, 전남, 경남, 강원은 거의 90%대에 이른다. 문제는 높은 대학 진학률에 있는 게 아니라, 이로 인한 생산인구의 부족이다. 일하기 싫어하는 현상은 통계적으로도 나타난다. OECD(2012)가 발표한 2010년도 니트족의 비율을 보면 우리나라가 25.9%로 세계 8위를 차지하고 있다. 니트족(NEET, Not in Employment, Education, Training)은 말 그대로 취업을 하지 않았으며 훈련이나 교육을 받지 않는 사람들이다.

우리의 대학 진학률 70.1%는 최근 5년 사이에 13.7%p나 떨어진 수치다. 수도권을 중심으로 떨어지고 있으나 주요 선진국들에 비하면 아직도 높은 편이다. 독일이 36%로 가장 낮고 일본, 영국, 미국이 각각 48%, 57%, 64%에 불과하다.

다행히도 서울의 대학 진학률(2011)이 60.3%로서, 이 중 강남이나 서초는 50.9%와 50.1%대로 선진국 수준이다. 왜 그럴까? 수도권은 재수생이 많아서 그렇다는 의견도 있고 취업 안 되는 대학 진학을 기피하는 현상이라는 해석도 있다. 눈치 빠른 학부모들은 마이스터 고등학교나 특성화 고등학교에 대한 정부의 지원과 혜택을 파악하고 소신껏 '선 취업 후 진학(先就業後進學)'의 전략을 택하고 있는 것도 원인이다.

특성화고 입학 경쟁률의 상승이 이를 증명하고 있다. 미용고, 요리고, 관광고, 농업고, 자동차고 등 등 각자의 특기와 적성을 살려 평생기술을 연마하고, 필요하면 대학에 특례 입학도 하는 유연한 진로 선택이 확산되고 있다.

대학을 나와도 아르바이트 자리조차 구하기 힘들다고 하지만 기술만 있으면 문제는 달라진다. 독일의 경우는 직업훈련을 통해 양성된 숙련공이나 장인들이 경제 주역으로서 일하며 기업가로서의 근간을 이루고 있다. 기능공이나 기술자들이 대학이나 연구소의 고학력자들보다 더 많은 돈을 벌고 있다. 독일의 언론이나 정치인들은 성공한 기업가를 최고의 국민 홍보 대상으로 삼는다. 이러한 독일의 기업 토양 때문에 세계적 불황에도 독일의 유수 기업들은 건재하다. 『히든 챔피언』의 저자 독일의 헤르만 지몬은 강소기업의 역할을 강조하면서 한국에서 핵심 인재가 강소기업에 가지 않는 것은 사회의 편향된 시각에서 비롯된 것이라고 지적했다.

최근 들어 강소기업을 적극 육성하고, 신기술이나 아이디어로 창업이나 창직(創職)을 해야 한다는 분위기가 고조되고 있다. 그럼에도 우리나라가 생산인구 부족 현상을 벗어나지 않으면 난관을 극복하기는 어렵다. 우리는 이미 고령화·저 출산국가가 되었으므로 무엇보다 생산인구의 확보가 급선무이기 때문이다.

선진국의 대학 진학률이 낮은 것은 우리보다 못 살거나 학비가 없어서가 아니며 공부에 열의가 없어서도 아니다. 이들은 우리보다 더 좋은 장학제도와 국민소득에도 불구하고 지속 가능한 경제발전을 위해 실사구시(實事求是)를 중시하는 사회로 접어들었기 때문이다. 우리도 이제 더 이상 대학 진학률을 자랑하기보다 취업률과 일자리를 중시하는 풍토를 만들어야 할 것이다.

## 고졸의 경제학

　얼마 전 친구들과 등산모임에 갔는데 한 친구가 아들이 명문대학에 갔다고 자랑을 했다. 모두 부러워했다. 그러나 더 부러운 친구가 나타났다. 한 친구는 딸이 고교졸업 후 벤처기업에 취직해 4년가량 근무했는데 잠시 다니다 그만둘 생각이었단다. 그런데 몇 년 사이에 회사가 코스닥 기업이 되어 주식 가치가 오르고 직원도 70여 명으로 느는 등 최고의 알짜 기업이 되었다. 기업체 특별전형으로 대학에 입학했고 회사가 장학금을 주고 있다는 것이다. 부모 입장에서는 효녀가 따로 없다.

　최근 고졸 일자리가 늘고 있다. 관공서는 물론 금융권과 기업에 이르기까지 고졸 취업이 확산되고 있다. 삼성동 코엑스에서 열린 고졸 성공 취업박람회에서는 고졸자는 물론 재학생까지 행사장을 가득 메웠다. 130개의 기업과 기관이 사람을 구하려고 부스를 차렸는데, 사전 예약만도 1만 8천 명이 몰렸고 전체 3만여 명이 취업의 문을 두드렸다고 한다.

　이러한 현상에는 몇 가지 이유가 있다. 첫째, 대졸 취업이 어렵고 둘째, 진로 설정에서 실속을 중시하는 경향이 두드러지고 있으며 셋째, 정부의 정책과 제도가 고졸 취업을 유도하고 있기 때문이다. 우선 대학 졸업이 가져다주는 이점이 약해졌다. 예전에는 대학 졸업장이 능력을 인정받고 취업을 보장하며 결혼에서 유리한 조건으로 여겨져 왔다. 시골에 대학생이 나타나면 온 동네가 얼굴 한 번 보자고 몰리던 시절도 있었다.

그러나 이제 희소가치는커녕 졸업해도 이들의 취업률은 절반에 가깝고, 일자리 내용도 대부분이 그리 흡족한 수준이 아니다. 최근 한 언론사의 조사에 따르면 고졸자가 평생 버는 수입이 일반적인 대졸자보다 1억 원 가량 더 많다고 한다. 일하는 기간과 공부하는 동안의 기회비용을 따져 산술적으로 계산한 것이다. 이제 더 이상 학력이 능력이 아니며, 더욱이 예전과 같은 성공의 금자탑은 아니다.

## 특성화고에 격려를

몇 년 전의 일이다. 큰딸이 내게 우편물을 전해주고는 "아빠 공고 나왔어요?" 하면서 눈이 휘둥그레졌다. 고등학교 동문회보였다. 나는 어색한 표정을 지으며 왜 그러느냐고 물어봤지만 아이는 "응, 그냥." 하면서 대답이 없었다. 1970~80년대 우수 학생들이 공고에 진학했던 현상을 알지 못하는 아이로서는 의외라는 생각을 했을 것이다.

그러나 최근 특성화 고등학교에 대한 인기가 치솟고 있는 가운데 고졸채용의 분위기가 확산되고 있다. 공공기관의 고졸채용 비율은 2009년 2%대에서 2012년에 25%까지 증가했다. 여기에는 특성화고 출신의 채용이 주를 이루었다. 특성화고 출신을 공무원으로 특별 채용하고 있으며 금융기관과 국영기업도 이에 합류하고 있다. 마이스터 고등학교의 경우는 졸업생의 취업률이 89.9%에 이르며 이들 상당수가 미리 스카우트

되고 있다. 정부는 중소기업이 실력 있는 현장 인재를 확보하도록 3개의 마이스터 고등학교를 중소기업청 소속으로 전환했다.

특성화고의 입시 경쟁률도 오르고 있다. 성적과 무관하게 지원만 하면 입학하던 입시 경쟁은 2013년도 입시부터는 지원자의 20%에서 무려 500%가 탈락하기에 이르렀다. 이젠 특성화고에 진학하고자 해도 쉽지가 않다. 이러한 현상은 오랜 경기침체와 높은 대학 등록금, 저조한 대졸 취업률, 중소기업에 대한 사회적 인식변화, 정부의 노력에 의한 결과이다. 점차 중소기업에 눈을 돌리는 학부모와 학생들이 늘어나고 있다. 현장의 인력난으로 몸살을 앓고 있는 중소기업에게는 반가운 현상이 아닐 수 없다. 청년 실업자가 넘치고 있음에도 중소기업은 25만 명의 인력이 부족해 생산 활동에 큰 장애가 되고 있다. 그런 점에서 특성화고 출신의 중소 제조업 진출은 매우 바람직한 현상이다. 고용노동부 장관도 "학력과 능력에 따라 대우받는 고용사회를 위해 고졸채용을 늘려야 한다."는 점을 강조하고 있으며 중소기업청은 중소기업과 특성화고의 연계 지원에 나서고 있다. 지방자치 단체나 교육청도 특성화고생의 취업률을 높이려고 적극 노력하고 있다.

광주전남에는 전국에서 가장 많은 55개의 특성화고가 있다. 이들의 졸업생 취업률은 광주 34.3%, 전남 38.3%로 전국 평균에 못 미치지만 대학 진학률은 50%대에 이른다. 다행히도 2012년 광주전남 중소기업청의 '특성화고 인력양성 사업'에 참여한 학교의 취업률은 50%대에 이를 것으로 전망된다. 이 사업에 선정된 학교에는 약 2억 원이 지급되며, 대학과 중소기업이 공동으로 개설한 계약 학과에 입학한 중소기업 재직자가 학위를 취득하고자 하면 전문학사, 학사, 석사 학위 등록금의 85%를 지원한다.

또한 인식개선 사업을 통해 중소기업 취업에 대한 편견을 불식시켜 나갈 계획이다. 학부모와 교사는 물론 대학생에 이르기까지 적극적인 홍보와 교육, 중소기업 방문 등을 추진하고 있다. 특성화 고교 출신들이 우리나라의 1980~90년대 고도의 경제성장에 상당한 역할을 했다는 점에서 이들의 역할은 경제·사회적으로 커다란 의미를 지닌다. 우리 사회에 일하는 풍토를 조성하기 위해 특성화고생에 대한 사회의 따뜻한 격려와 지지가 요구된다. 중소기업의 상당수가 이들에 의해 창업되었다는 점도 주목해야 한다. 특성화고를 졸업하고 중소기업으로 달려가는 젊은이들에게 격려의 박수를 보내자.

# 04  세상에 공짜는 없다

　사람들은 성공을 부러워한다. 그러나 인생은 공평하다는 말이 있다. 한 유명 발레리나가 방송에 출연해서 한 말이 생각난다. "하루 10여 시간씩 힘든 훈련으로 세월을 보냈어요. 저는 10살 때 이미 제 인생이 결정되었어요. 평범한 인생을 살며 다양한 경험을 하고 싶었는데, 어느덧 성인이 되었어요." 그녀는 고민하며 성장하는 자신의 삶을 살고 싶었다고 한다. 성공의 이면에 얼마나 힘든 과정이 있는지를 단적으로 말하고 있는 것이다.

　흔히 남이 잘되는 것을 보고 "저 사람은 참 쉽게도 성공하네!"라고 생각할지 모르지만, 눈에 보이지 않는 그들의 노력을 어찌 알겠는가. 특히 성공한 기업가들을 살펴보면 그들의 남다른 노력에 감탄할 지경이다. 첫째는 열정이 대단하다는 것이고, 둘째는 모든 것을 포기하리만큼 어려운 때를 잘 견디고 일어선다는 점이다. 세 번째는 배우는 자세로 한 걸음씩 목표를 이루어 나간다. 이런 점을 가진 사람들은 원래 가진 게 하찮고 시작이 미천하다 해도 결국 꿈을 이루고 만다.

　'경영의 신'이라 일컫는 일본의 마쓰시다 고노스케는 초등학교 4학년을 중퇴하고 온갖 어려운 일을 다 했다. 8남매의 막내로 태어났으나 모든 형제가 가난과 결핵으로 죽고 말았다. 신문팔이나 구두닦이는 물론 10여 년간 사환과 견습공 일을 해가며 전기 소켓을 발명해냈다. 결국 그는 세계 최고의 마쓰시다 그룹을 일구어냈다. 그가 전하는 다음의 세 가지 메시지는 가슴에 새길 만하다. "나는 가난해서 세상 사는 지혜를 배웠고, 못 배워서 누구나 나의 스승으로 삼았으며, 병약해서 건강에 신경을 써 95세까지 장수하게 되었다."

성공한 자에게 변명은 없다.

세계적인 여성 기업가인 메리케이는 45세에 세 아이의 엄마로서 5천 달러로 메리 케이(Mary Kay)라는 조그만 동네 화장품 가게를 창업했다. 17세에 결혼한 후 회사에서 세일즈 우먼으로 근무하던 중 여성차별에 상처를 입고 회사를 그만두었다. 남편과 이혼하고 화장품 판매를 시작할 무렵 사업을 도와주던 재혼한 남편이 심장마비로 죽는 등 고난을 겪었다. 하지만 그녀는 이에 굴하지 않고 '돈보다 사람과 사랑을 중시하는 기업문화'를 가꾸며, 남다른 열정과 노력으로 37개 국가에 75만 명이 종사하는 세계적인 기업을 일구어냈다. 메리케이 화장품은 '여성을 위한 10대 기업' '일하고 싶은 100대 기업'으로 각광받고 있다.

국내에서도 현대의 정주영 회장은 소학교를 졸업하고 막노동에서 미곡상을 거쳐 현대자동차라는 굴지의 세계적인 기업을 만들어냈다. 너무 많은 사람들이 어려움을 딛고 성공신화를 만들어내고 있다.

이처럼 어려움 속에서도 성공한 예를 가리켜 '개천에서 용 났다'고 한다. 조금 투자하고 최고의 성과를 올리는 게 바로 '개천의 용'이다. 지금도 이러한 사례는 흔히 나타나고 있다.

과거에는 직업이 한정되어 있고 고도성장에 따른 대형 사업장이 많이 생기면서 취업하기가 좋았다면, 요즘은 경기도 안 좋고 취업하기도 어려우니 그야말로 환경이 '개천'이다. 하지만 조금만 눈을 돌리면 번쩍이는 아이디어와 기발한 서비스로 잘나가는 사업가들이 눈에 띈다. 어려울수록 남다른 고생으로 역경을 헤쳐 나가는 모습에서 '가만히 앉아서 세상을 얻을 수는 없다'는 교훈을 얻는다. 뭔가를 위해 과감하게 나를 던져야 한다. 세상에 공짜는 없으며 노력한 만큼 주어지는 게 세상이다.


## 잘하는 것, 좋아하는 것, 해야만 하는 것

매주 업체 현장을 방문하다 보면 종종 감동적인 기업인들을 만나게 된다. 온갖 우여곡절에서도 열심히 일하는 모습에 '무엇이 이들을 이토록 자신의 일에 충실하게 할까?' 하는 생각이 든다. 흔히 사람들은 좋아하는 일을 하는 게 가장 좋다고 한다. 꿈을 찾아 이루라고 한다. 나 자신도 젊은이에게 강의하면서 "꿈이 뭐냐? 그걸 찾아서 이루라."고 말하지만, 어찌 보면 참 무심한 말이다. 딱히 꿈을 찾기도 어렵고 찾는다 해도 그걸 이루는 게 만만치 않다는 것을 알기 때문이다. 그래서 주변사람들이 어떻게 꿈을 이루는지 궁금하지 않을 수 없다. 자신의 꿈을 이룬 사람은 좋아하는 일을 하면서 행복해하는 걸까? 과연 그런가 살펴보자.

어떤 일을 잘하는 사람은 많다. 그러나 좋아서 그 일을 하는 사람은 얼마 되지 않는다. '생활의 달인'이라는 TV 프로그램이 있다. 거기에 출연하는 주인공들은 말 그대로 달인이다. 만두용 밀가루 반죽을 손으로 떼어내어 무게를 달면 단 1g도 차이나지 않게 똑같은 덩어리로 나눈다. 신문 배달부가 자전거를 타고 가며 신문을 2층집으로 내던져 문틈으로 정확히 들여보낸다. 탄성이 나올 지경이다. 그러나 그들은 그저 하다 보니 그렇게 되었다는 것이고 애초에 좋아했던 일은 아니라고 한다. 개그콘서트에 출연하는 한 개그맨은 연기보다 사투리가 돋보인다. 그는 한때 마땅한 역할이 없어 개그를 포기하고 다른 일자리를 찾기 위해 사투리 교정 학원에 다녔다고 한다. 그런데 어느 날 담당 PD가 불러 "너는 그 사투리로 승부를 봐야 한다."며 사투리 개그를 하라고 권했다고 한다. 좋아하지도 않고 할 만한 것도 아니었지만 그는 사투리로 '촌놈' 역할을 해내어 대박이 났다. 잘하는 것을 찾은 것이다.

좋아하는 것을 하는 사람도 있다. 천재 음악가나 화가, 운동선수처럼 어릴 적 좋아하는 것을 하다 보니 성공에 이른 사람들이 이에 해당한다. 참으로 운이 좋은 경우이다. 좋아하는 것을 잘하게 되면 성공은 물론 행복까지 얻는다. 공개 오디션을 통해 세계적인 스타 가수가 된 영국의 폴 포츠(Paul Potts)는 자신이 좋아하는 노래를 부르는 게 소원이었던 모바일 폰 세일즈맨이었다. 그는 결국 가수의 꿈을 이루었다. '오페라의 유령'으로 스타가 된 사라 브라이트만(Sara Brightman)이나 한국의 세계적인 성악가 조수미도 마찬가지다. 좋아하는 일을 찾아 잘하게 된 것이다. 하지만 이런 사람이 몇이나 되겠는가. 대부분 좋아하는 일이란 게 그저 편하고 즐겁고 부담스럽지 않거나 현실과 동떨어져 감히 나서기 어려운 일들이다. 좋아하는 일을 하다 쪽박을 차는 경우가 더 많은 이유이다.

하지만 여러 이유로 의도하지 않은 일을 하는 사람이 많다. 포천의 허브아일랜드 임옥 대표는 지병으로 시한부 판정을 받고 포천의 산에 들어가 생활하다가, 누군가 허브가 병에 좋다는 말을 듣고 산비탈에 하나 둘 심고 가꾸게 되었다. 우연히 했던 일이 병을 낫게 해주고 사업으로 발전하여 결국 30만 평 관광농원의 대표가 되었다.

해남의 이승희 대표도 암 치료에 좋다는 된장을 가까이하다 명품 된장을 만들어 홈쇼핑에 진출시켰다. 살자고 했던 일이 성공으로 이어진 것이다. 흔히 "처자식 먹여 살리려고" "목구멍이 포도청이니까"라고 말하는 사람들의 자화상이다. 부모나 선생님이 권유한 일을 하게 되어 직업이 된 경우도 그렇다.

결국 무엇을 함에 있어 만능의 공식이나 법칙은 없다. 잘하는 것, 좋아하는 것, 해야만 하는 것을 가리는 것보다 중요한 것은 자신의 열정과 노력을 쏟아 부어 좋은 결과를 내는 것이다. 아무 거나 하라는 말도 아니다. 좋아하는 일이 아니라도 최선을 다하고 참고 이겨내고 반복하면 익숙해지고 잘하게 되고 좋아하게 된다. 우리가 할 일은 어떠한 것이든 그 일을 사랑하고 더욱 잘하려고 노력하는 것이다.

# 05  이런 남도사람, 오케이

지난 1년반, 받은 명함을 정리해보니 수천여 장이나 되었다. 참으로 많은 사람들을 만났다. 이들 중에는 지위 고하를 막론하고 성공한 삶을 가꾸어 나가는 분들이 많았다. 최선을 다해 자신의 삶에 충실하고 다른 사람을 배려하는 멋진 분들이다. 그렇다면 이들은 어떠한 특징을 지녔을까? 여러 가지 요인이 있지만, 가장 특징적인 것은 바로 세상을 긍정으로 보는 눈을 가졌다는 것이다. 긍정의 눈은 사람의 언행을 바꾸고 하는 일이 잘되게 하는 원천이다. 주변에서도 긍정의 힘이 얼마나 중요한지 쉽게 발견할 수 있다. 그러나 우리는 자신이 긍정적인 사람인지 부정적인 사람인지조차도 모르고 살아간다.

한 부부가 세차장에 갔다. 세차를 마치고 출발하려는데 남편이 세차원을 불러 앞 유리에 얼룩이 안 지워졌다고 했다. 세차원은 수건으로 앞 유리를 다시 문질렀지만 남편은 지워지지 않았다며 짜증을 냈다. 몇 번을 반복하여 언성이 높아지자 아내가 나섰다. 아내는 "여보, 제가 보기엔 깨끗한데 왜 그래요?" 하면서 눈을 부라리고 있는 남편을 보았다. 아내는 남편 안경에 얼룩이 묻어 있는 것을 발견했다.

우리는 비뚤어진 마음이나 부정이라는 색안경을 쓰고 있으면 남을 인정하기가 어렵다. 서양 동화에 나오는 '핑크 대왕 퍼시' 이야기야말로 좋은 사례다. 분홍색을 좋아하는 퍼시 왕은 모든 것을 핑크색으로 바꾸라고 명령했다. 부하들은 집이나 도로 심지어는 산과 들도 핑크색으로 바꿨다. 그러나 하늘만큼은 핑크색으로 바꿀 수가 없어 고민하다 스승을 찾아가 묘책을 구했다. 스승은 핑크 대왕에게 핑크색 안경을 선물하게 되고, 핑크 대왕이 분홍색 안경을 쓰니 모든 게 변했다. 백성들은 편해지고 핑크 대왕은 행복해졌다. 세상은 바라보는 눈에 따라 다르다. 다수가 옳다고 생각하는 것을 받아들이지 못하는 것은 부정적 시각의 색안경을 썼기 때문이다. 모든 사람이 일정 수준의 표준화된 인간이 된다면 몰라도, 개개인의 색안경 현상은 쉽게 사라지지 않는다. 해법은 "나는 부정적 시각의 안경을 썼을까?"라고 반문하는 것이다.

아는 만큼 보인다는 말이 있다. 오렌지가 검은색이 아니라는 것을 안다면 색안경을 써도 그것이 검다고 말하지 않으며, 검은색으로 보게 되면 자신이 순간의 착각이나 오해를 했다고 생각한다. 하지만 모른다면 보이는 대로 믿게 된다. 그래서 우리에게 중요한 것은 사실과 진실을 파악하는 능력이다.

여수에서 언론사를 경영하는 박완규 대표는 유명한 사람이다. 매일 아침마다 4만 명에게 이메일 편지를 쓰며, 4년째 매년 책을 펴내고 있다. 힘들기도 하련만 언제나 세상에 긍정의 에너지를 쏟아내는 그의 모습은 감탄스럽다. 나는 그의 네 번째 책 『그대가 있어 행복합니다』에 아래 내용의 추천사를 썼다.

"박완규, 그는 일상에 널린 조약돌처럼 하찮아 보일 수 있는 그런 사연 하나하나를 보석처럼 느끼게 만든다. 그는 사람들이 풀고자 하는 힘듦과 응어리를 자신의 가슴속에 무겁게 담고 다니다 아침이면 글로써 내려놓는다. 박완규의 글은 그래서 좋다."

작은 도시 여수에서 박 대표의 아름다운 글이 전국으로 해외로 퍼져 나간다. 글이 아니라 행복 꾸러미가 나가는 것이다.

긍정적 사고와 행동을 하는 사람들의 특징은 우선 타인을 통해 긍정을 배운다는 것이다. 긍정의 마음으로 주변에 고운 말씨를 쓰는 사람은 나의 말의 거울이고, 주변에 멋지게 차려입은 사람은 나의 옷차림의 거울이라고 생각하자. 좋은 매너를 따라하고 웃음 짓는 얼굴을 지어보고 다른 사람의 장점을 배우는 것이다. 부정적인 색안경이 나에게 잘못된 인식의 틀을 만들고 있다면 이를 벗어 던지고, 주변이라는 거울을 통해 나 자신의 모습을 변화시켜야 한다. 세상을 긍정적으로 보는 눈은 나를 변화시키고 세상을 변화시키며 행복한 삶의 조건이 된다. 사업을 잘하는 사람, 일을 잘하는 사람 그리고 인기가 있거나 주변에서 신뢰받는 사람들, 이런 사람들의 공통점은 긍정의 마인드를 가지고 행동한다는 점이다.